Conheci um Anjo...

1ª Parte

Prólogo

A história de um homem que ainda não superou o seu divórcio, mesmo passando 10 anos desde que sua esposa saíra de sua vida. Até que dia, ele conhece alguém diferente, e esse alguém, não só mexe com toda a sua estrutura mental, e emocional, como lhe mostra ser alguém diferente, mostrando ser especial, doutro mundo mesmo. Ele julga ver nela o que sempre desejou que sua ex-mulher tivesse, até que 10 anos volvidos após o divórcio, ela divorcia-se do actual marido e quer voltar para ele. Mas ele havia conhecido alguém diferente, e esperava amá-la de forma diferente, esperando, do fundo do seu coração, que aquele amor fosse mesmo um amor diferente de tudo o que tinha tido até ali... Mas será essa diferença, e esse novo amor, fortes o suficiente para lhe fazer recuar naquela proposta da sua ex-mulher - (o grande amor de sua vida...) - ou ficará com o seu anjo - (o seu novo amor...) - e seguirá em frente sem olhar para trás, tal como sua ex-mulher lhe fez um dia?...

*

Daqui a 2 dias faz 10 anos que partiste. Divorciamo-nos no dia 11/09/95. Parece que foi ontem... Lembras-te da Sofia? A que casou com o Ruben? Pois, essa Sofia... Ela divorciou-se do Ruben também. Fiquei triste, muito mesmo, porque eu sei o quanto ele sofreu com esse divórcio. O mundo dele ruiu quando Sofia se foi. Talvez por isso ele tenha percebido a minha dor quando partiste. Ontem pensei em ti... Aliás, penso em ti todos os dias. Mas ontem foi um dia que pensei, especialmente em ti... Já percebes porquê... Soube que a Sofia estava a viver com outra pessoa, e eu fui a casa dela. Sabes como é que eu sou. Sigo sempre o meu coração. E, não sei porquê, mas o meu coração estava-me a pedir para ir a casa dela falar com ela. E eu precisava saber quem andava com ela. O porquê não te sei dizer, mas algo em mim me dizia que eu tinha mesmo de saber quem era. Vim a descobrir que o actual companheiro dela - ("companheiro" e não "marido", repara... Ele nem teve tomates para casar...) - também era um outro grande amigo meu. Mas o Ruben é o Ruben, e continuo a achar, e a pensar, que o Homem da vida da Sofia já se foi, embora ela ache -

(sempre achou, eu é que não sabia. Nunca soube...) - que este com quem ela está actualmente é que é o Homem da vida dela. Disse-te que o actual companheiro dela também é outro grande amigo meu - o Jorge - mas ele, nesse momento em que te escrevo, está fazendo o tratamento com metadona, tentando se afastar, limpar, e esquecer, o seu passado de heroína. Acho que sim, ele tem todo o direito de ter uma segunda oportunidade uma 3ª, e uma 4ª, e todas as vezes que forem precisas, até que ele se limpe duma vez por todas. Mas, em todo esse processo, ele tem todos os direitos, menos um: Ele não tem o direito de estragar a vida de ninguém. Tratando-se duma amiga minha, mexe comigo e, mexendo comigo, é assunto meu... E aqui esse Homem costuma resolver os seus problemas. Tu conheces-me. Sabes que sim... Até tu andaste da minha vida quando te tornaste um problema para mim, e na minha vida. Mas isso só a nós pertence. Fica descansada. Acabei de afirmar que me conheces bem, agora não vou ser hipócrita, sabes que nem preciso te dizer que isso morre comigo, e que nunca o direi a ninguém... Mas voltando ao Jorge... Descobri também que ele é traficante. Infelizmente... Mas na boca da mãe da Sofia, a Sofia era muito luxo para qualquer Homem, e nem sequer o Ruben seria suficientemente bom para a Sofia, segundo ela, e olha lá onde a Sofia foi parar. E com ela foi ficar... Paga-se pela língua. Ele começou a traficar para outros, para poder ter dinheiro para o seu próprio consumo, e hoje é traficante "por conta própria"... A vida tem coisas do caralho, não tem?... E o facto é que ele não é, nem de perto nem de longe, o Homem que um dia foi, e que um dia eu chamei de Amigo... É como costumo dizer: "Não tenho amigos traficantes"... E algum amigo meu que se torne num, afasto-me *dele e desprezo-o. Sem problema nenhum. Pense ele de mim o que quiser. Para mim, a meu ver, o toxicodependente é um doente, o traficante, um assassino. É uma pessoa que, aos olhos de Deus, não tem, nem pode ter, perdão. Quando soube que ele estava com a Sofia e, apesar de, no fundo, ele até ser bom rapaz, a realidade, e a verdade, é que ele andava perdido. E fui a casa dela falar com ela, para tentar perceber como ela rejeitou um Homem como o Ruben, para por em sua vida alguém tão imaturo, e inconsequente, como o Jorge. Podes pensar que não tenho o direito de me por nesse assunto, afirmando ser a vida dela, ou deles - (como preferires) - mas como Amigo, e como Crente, tenho a obrigação de tirar as escamas dos olhos de um Amigo, quando ele não quer, não pode ou, simplesmente, não quer ver... Às vezes acontece... Não foi o que fizeste comigo quando éramos amigos?... Porque achas que me apaixonei por ti?... Não foi por seres Evangélica como eu - (embora também ajudasse muito...) - mas sim por teres a personalidade que, no fundo, ainda tens... A mãe é que falou comigo... A Sofia estava a trabalhar e o Jorge não estava em casa ... (Pergunto-me por onde andaria ele e o que andaria ele a fazer...). Sabes que a Sofia tem um filho do Ruben e, segundo a mãe dela, a Sofia estava grávida apenas de um mês quando eles se separaram. Ela não deu hipóteses de retorno, nem de reconciliação, ao Ruben porque, no fundo, ela ainda amava o Jorge - (seu 1º namorado e o grande amor da sua vida... diz ela...) - e o Jorge voltou para a Sofia, e ele é que a ajudou a criar o filho do Ruben, como se ele é que fosse o pai dele. Tanto que hoje em dia - (sei porque já ouvi...) - o miúdo chama o Jorge de "pai". Claro, ele nunca conheceu outro... (Às vezes me pergunto se aquele miúdo,* no meio de tanta confusão, e mentira, se sabe quem é o verdadeiro pai...). Embora eu ache essa coisa do Ruben se ir embora, sabendo que ela estava grávida apenas de um mês, um pouco estranha. Aliás, muito estranha... O Ruben adorava a Sofia e nunca a abandonaria - (ele faria qualquer coisa para que ela voltasse para ele...). Cá para mim, a Sofia está a mentir... Conheço o Ruben bem o suficiente para ter a certeza que ele nunca faria isso. Abandonar um filho seu é algo inimaginável para um Homem como ele. E, ainda por cima, sabendo que ela esperava um filho dele. Impossível um Homem como ele abandoná-la numa situação dessas... Alguém está-me a mentir no meio dessa história toda e, pelo Ruben, e pela amizade que nos une, eu vou descobrir a verdade... Verás...Ele tentou tudo para voltar para ela. Eu sou testemunha disso. Se ele se foi embora, é porque já tinha perdido a esperança dela voltar para ele. Só pode ser... Conheço o Ruben o suficiente para por as minhas mãos no lume por ele. Tenho a certeza de que não me queimaria. Mas o facto é que eu não conheço a versão dele. Se calhar, ele nem sabia que ela estava grávida quando ele se foi embora, o que é o mais provável... Soube que ele encontrou alguém anos mais tarde, e que voltou a refazer a sua vida amorosa, e que se mudou de malas e bagagens para longe daqui, talvez à procura de paz, talvez à procura de si, talvez para se esconder do mundo, talvez para a esquecer, ou simplesmente, para fugir... Talvez... Não sei... Acho que nunca saberei... O que sei é que ela está com o Jorge e que ele não a merece. Ou, se calhar, até está bem assim, pois finalmente a Sofia tem um homem como ela realmente merece. Soube pelo Jorge - seu actual companheiro - que quando a Sofia estava a namorar com ele que o Ruben é que dava boleia à Sofia para a Ribeira Grande. Era lá que o Jorge morava. Repara que ela é que ia ter com ele, e não ele que vinha ter com ela cá baixo. E ela, ao chegar lá, como o Jorge a via com outro, ficava ciumento e, como vingança, ele, para além de não lhe ligar nenhuma, metia-se com outras gajas na frente dela. Como vês, ele nunca a valorizou. Ela começou a desabafar com o Ruben e ele, como o grande Homem que sempre foi, e que é, fez-lhe ver que ele não a merecia, e que ela merecia mais, muito mais mesmo... E ela, vendo que ele gostava realmente dela, usou-o para fazer ciúmes ao Jorge, e começou a namorar com ele. Se ela não o amava, porque chegou ao ponto de casar com ele?... E até deixar chegar ao ponto de ficar grávida dele se, no fundo, amava outro?... Então, porque não lutou por quem amava?... Assim não fazia sofrer quem não merecia... (Ela agora admira-se estar a sofrer... Será que ela não conhece a Lei do Eterno Retorno, o popular "cá se faz, cá se paga"?...). Começou assim o sofrimento do meu amigo Ruben...Um dia ganho coragem e conto-te como começou o meu... Tenho de ganhar coragem para isso, afinal tu és protagonista no filme da minha dor. Na minha mágoa és, definitivamente, a sua personagem principal. Mas, antes, preciso de te dizer porque ontem pensei especialmente em ti... Como não tinha conseguido falar com a Sofia no dia em que tinha estado em sua casa - (falei foi com a mãe dela, lembras-te?...) - fui lá ontem outra vez e, por sorte, a Sofia é que me abriu a porta. Cumprimentou-me com a alegria do costume e pediu-me que entrasse. O Jorge estava em casa. A mãe dela também. Cumprimentei-os a todos de forma informal como sempre, afinal somos todos amigos uns dos outros há muito tempo. Mas enquanto estava à porta e falava com a Sofia, antes de entrar em casa dela, disse-lhe que tinha visto o Jorge entrar em casa dela, e que tinha perguntado à mãe dela se ela tinha alugado algum quarto a ele. Ela disse-me que ele não era nenhum hóspede, mas sim o actual companheiro da Sofia. Ia morrendo quando soube. Não é que ele seja mau rapaz, mas é que entre ele e o Ruben, sinceramente, não há muito por onde pensar, nem nenhuma dúvida pode haver, na hora de escolher. O Ruben não é um gajo qualquer. É um Homem como muito poucos que andam por aí. O Ruben não afirma ser um Homem. A sua humildade não o deixa admitir. O facto é que ele é um grande Homem. E tem capacidade de ensinar muitos a o serem... Antes da Sofia conhecer o Ruben, eu e ele já eramos grandes amigos, portanto, no fundo, até o conheço melhor do que ela. Eu era incapaz de abandoná-lo. Ela nem pensou duas vezes. Nem podia... Era muita areia para a carroça dela. Ela nunca perceberá a integridade de um Homem como ele. Já **Jesus** dizia: **"Não se dá pérolas aos porcos"**. Ele é uma pérola. Ela foi, continua a ser, e será sempre, uma porca. E porca será sempre, enquanto não largar a merda com quem ela anda... Perguntei-lhe: "O que se passou contigo e o que fizeste com a tua vida, Sofia?...". Notava-se, à distância, nos olhos dela, que ela não só não era feliz, como andava a sofrer. E muito... Não precisava ser um "psíquico" ou um "médium" para o perceber. Estava na cara dela escrita a palavra DOR... Ela não disse nada durante uns segundos, apenas deu-me um sorriso triste, abraçou-me forte, e disse-me ao ouvido enquanto me abraçava: "Depois falamos...". Assim que ela entrou, ela e o Jorge começaram a discutir - (por motivos que não interessam; coisas lá da vida deles, e é como diz o ditado: "Entre marido e mulher ninguém deve meter a colher...". E eu, lá com a minha paciência, consegui acalmar os ânimos. Tu conheces-me. E sabes que sou assim... Gosto de ver tudo, e todos, em paz... E chamei o Jorge à parte. Ele também tem a sua versão da história, e contou-me a sua versão ao pormenor e, digo-te sinceramente, já nem sei em quem acreditar. Cada um acusa o outro de não estar à altura de qualquer coisa - (nem percebi muito bem o quê...) - e, digo-te de coração, isso cansa-me... Talvez por isso tenha optado por viver sozinho e ficar só desde que partiste... Mas voltando à Sofia... Não sei se te lembras mas a Sofia quando casou, estávamos nós casados há apenas uma semana, e fomos convidados para ir ao casamento dela. O copo de água até foi na casa dela, lembraste? - (Pois... Foi nessa casa que eu estive ontem...). Eu nunca me esqueci... Nós tiramos algumas fotos juntos nesse dia... E a Sofia estava a fazer umas limpezas nos seus álbuns de fotos lá em casa, e encontrou as nossas fotos, e perguntou-me se eu as queria. O que é que achas que eu respondi?... Claro que disse que sim. Peguei logo nelas para mim. Se ela ia por para o lixo as fotos do Ruben, e do seu próprio casamento, achas que ela não ia por para o lixo as nossas fotos também?... Claro que sim. Aliás, ela já estava fazendo isso quando eu cheguei. Eu é que cheguei a tempo. Cristina, daqui a dois dias faz 10 anos que nos divorciamos e tenho a certeza que te amo como no primeiro dia, como te amei desde o primeiro minuto, como te amarei até ao meu último segundo da minha vida... Olhar para aquelas fotos, e ver-nos a nós, casados há apenas uma semana, ver a alegria que tínhamos espelhada nos nossos olhos, e saber que agora já nada restava de nós, trouxe-me nostalgia e dor. Não era suposto, eu sei. Mas queres que faça o quê?... Tu conheces-me. Sabes que sou assim, sensível... Abriu-me uma ferida que eu julgava fechada. Ou melhor, estava fechada. Mas só o facto de te ver, magoa-me. A nossa felicidade magoa-me. A nossa separação magoa-me. O nosso divórcio magoa-me. Tudo me magoa. Mesmo na tua ausência, magoas-me. Às vezes me pergunto como poderia a tua presença de novo na minha vida, me fazer algum bem? E, sabendo que não me pode fazer bem nenhum, como posso querer-te assim tanto? Ainda?... Ontem a Sofia deu-me as nossas fotos. Percebes agora porque ontem pensei especialmente em ti?... Hoje?... Hoje é apenas mais um dia sem ti... Isso?... A isso eu já me habituei, meu anjo. Não consigo é viver na companhia da tua ausência. Isso nunca aprendi. E sei que nunca o irei aprender... Não... Ainda não... Ainda...

*

A nossa separação... A nossa ruptura definitiva, o nosso "Nós" que virou Tu e Eu, com vidas separadas outra vez... Não compreendi. Ainda não compreendo... A sério, que continuo a não compreender. O que me preocupa. Sentia-me - (e, em parte, ainda me sinto...) - magoado. Com o passar do tempo, a mágoa foi cavando mais fundo, e fui-me isolando sempre, e acabei por ficar sozinho, e tornou-se cada vez mais difícil atribuir a culpa às mulheres. Acabei por concluir que o problema residia, e reside, em mim. E não nelas. E que, talvez, toda aquela minha situação significasse que eu deveria levar uma vida solitária. Com a mágoa eu simplesmente afastava - (e ainda afasto) - toda e qualquer mulher que tentasse - (e que tente) - se aproximar de mim. Como posso agora me queixar de estar sozinho?... Se essa foi uma solidão *escolhida, ela também pode acabar quando eu quiser. Basta querer. A porra é que eu não quero. Ver aquelas fotos, ver-nos a nós juntos outra vez, abriu-me uma ferida que eu julgava fechada. O que faço agora com todo esse sangue que me escorre pelo coração abaixo?... Senhor, oferece-me essa dor noutra altura. Agora não...*

Estou farto de estar só... Nunca me fizera perguntas. Não era agora que iria começar. Sabia que não teria respostas. Não iria simplesmente inventar desculpas nem, muito menos, especular respostas. O que não tem remédio, remediado está. E, se calhar, as coisas entre nós, têm de ficar mesmo assim. Eu sei lá. Eu já não sei de nada... Andei muito depressa para tentar fugir a essa dor. E já não sei o que estou a fazer. Agora preciso de esperar um pouco para que a minha alma me alcance... Ando completamente perdido nos meus pensamentos. Pedaços indistintos de recordações atravessam-me a memória, enquanto o meu corpo se mantém friamente indiferente à mágoa que a nossa separação me trouxe... (ou pelo menos tentava ficar...). Sabia que se eu continuasse a fugir, nunca mais teria paz. Eu teria de encarar de frente, e enfrentar, essa dor... Faz parte da arte de saber viver nunca regatear com a oportunidade. E tive várias oportunidades de simplesmente deixar a dor sair... E de partir de mim, e de meu

coração, para sempre, definitivamente mesmo. Mas não fui capaz... O que sentia, e que sinto, por ti, não foi capaz de deixar... Há um ditado que diz que **"aqueles que perderam tudo o que tinham, estão em melhor posição do que muita gente. Porque, a partir dessa altura, só têm a ganhar."**... Agora que te perdi - (e tu eras o meu mundo, eras tudo o que eu tinha...) - agora que perdi tudo isso, não estou a ver como posso vir a ganhar alguma coisa com essa perda, mas pronto... Fiz uma pausa nas minhas recordações e dei lugar aos meus pensamentos... - (É, meu amor, recordações e pensamentos são coisas diferentes... Podes te recordar apenas do passado, mas podes pensar não só no presente como também no futuro...). E lembro-me de ter pensado assim: "Não tenho saudades dela, não tenho saudades de mim, nem sequer tenho saudades de nós... Não tenho saudades de nada... Amanhã é o dia de hoje. E o dia de hoje nunca chega a existir... Pois, quando pensas nele, já é passado. Foi o presente, a dádiva que Deus te deu, e que não soubeste aproveitar... O que mais me seduz no passado não é o presente que nunca foi, mas sim o presente que não é nunca... Então para quê pensar nele?...
Estou só, e sinto-me bem assim...

*

Mas eu estou aqui a tentar convencer a quem?... Estou a tentar convencer que não a amo, e que não preciso dela, a quem?... Só posso estar a tentar convencer-me a mim próprio, de certeza. Só pode... Ninguém acreditaria em mim se eu o dissesse a alguém... Mais vale encarar a verdade. Não consigo esquecê-la. Ponto. No fundo, eu sabia que ainda a amava e que, mais uma vez, eu estava em fase de negação, usando-a como forma de protecção... O meu maior medo era vir a magoar-me de novo, e eu sabia que alimentar a ideia de voltar para ela era fazer crescer a minha dor. A vida ensinou-me a nunca alimentar falsas esperanças. É uma boa maneira de evitar sofrer... E eu não podia deixar crescer, nem um pouco mais, a minha dor... Não... Isso, eu não o podia admitir... O sofrimento nasce quando esperamos que os outros nos amem como nós imaginamos, e não como o Amor se deve manifestar - livre, sem controle, guiando-nos, e levando-nos com a sua força, impedindo-nos de parar... Isso é dar liberdade ao amor... Isso é saber amar... Isso é ser livre... Se calhar, eu quis que ela me amasse da maneira que eu esperava, como eu queria, como eu achava que merecia... Ela também... E ela sabia-o... Mas uma hipótese contrária parecia dar-lhe prazer, o velho prazer da humilhação. O eterno prazer do desamparo do Outono e da solidão... Não te peço para perceberes isso. Ainda estou a tentar perceber. Acredita... Se calhar a separação, e a liberdade de cada um de nós, tenha sido mesmo o melhor para nós dois... Nunca te esqueças meu amor, que a liberdade não é a ausência de compromissos, mas sim a capacidade que temos de escolher o que é melhor para nós. E o melhor para nós, nesse momento, é sermos livres... Mesmo que eu quisesse fazer algo, e mudar alguma coisa, o facto, a triste realidade mesmo, é que já não havia mais nada a fazer... Ou deixava de pensar em ti, ou enlouquecia... E resolvi simplesmente, e definitivamente, esquecer-te. Já se passaram 10 anos e não consigo. Eu ainda hoje tento e não consigo. Acreditas?... Quem és tu que me fizeste um dia amar assim?...

*

Eu sabia que Cristina tinha corrido, mais uma vez, as cortinas sobre a sua vida, e duvidava que mais alguma vez ela as tornasse a abrir. Enganei-me redondamente... Depois do divórcio, ela começou a namorar, e a mudar de namorado duma forma consecutiva. e sempre de forma impulsiva. Ela mudava de namorado como quem muda de roupa, até que, por fim, encontrou o actual marido. Ele?... Para estar com ela até hoje, ele deve ser um anjo. Admiro-te Nuno... Acredites ou não... Conheço suficientemente bem a Cristina para saber que ela nunca se casaria com um Homem qualquer. Muito menos depois de ter sido casada com um Homem como eu... Não iria ser fácil encontrar alguém como eu. Melhor do que eu, era quase impossível. E ela sabia-o... Mas ela não encontrou nem como eu nem melhor do que eu. Encontrou apenas alguém diferente de mim, que a fez - (e faz) - feliz, como eu nunca a soube fazer... Só o facto de saber disso, já faz de ti um grande Homem. O facto de estares com ela até hoje, significa que me ultrapassaste, o que faz de ti uma Lenda, pois sei o Homem que sou, e tenho de reconhecer que nisso foste, e és, superior a mim. Não só a soubeste amar, como a soubeste manter. Eu não soube... Ou será que, fizesse eu o que fizesse, nunca daria certo entre nós, porque ela estava destinada a ti e não a mim?... Nunca se sabe... Esse puzzle não é nosso. Esse xadrez também não... Faz como eu, Nuno... Deixa fluir, e deixa-te ser apenas um peão nas mãos de Deus, e deixa que seja Ele a jogar o jogo da tua vida, e não tu. No final, ao veres o puzzle todo montado, perceberás finalmente o cheque mate que Deus dará por ti em tua vida... Schiuu... Deixa fluir...

Assinado... O ex-marido da tua actual mulher...

Por medo de diminuir, muitas vezes, deixamos de crescer. Por medo de chorar, deixamos de sorrir... Por medo de te perder, te amei. Por medo do teu amor, te perdi... E por te perder, me perdi... Tinha-me achado quando te encontrei, e agora perdi-me de mim, porque te perdi a ti... E agora que já não te posso voltar a ter, como faço para me recuperar a mim?... Diz-me, meu amor, como pudeste me deixar assim?... Diz-me, meu anjo, que isso ainda não é o fim...

*

Já diz o tal provérbio: **"O medo de errar é a porta que nos tranca no castelo da mediocridade"**. *Quando te perdi, achava ser um direito meu recuperar-te, e pensava estar a fazer o que era correcto; o que era certo, e suposto, eu fazer. Mas não estava. Porque se decidiste optar pelo divórcio, quem sou eu para contrariar essa tua decisão?... Logo, eu estava errando ao tentar convencer-te a voltares para mim quando, no fundo, era exactamente isso que não querias... Realmente esse meu erro trancou-me no castelo da mediocridade, pois era medíocre sequer pensar que pudesses voltar para mim. Ridículo mesmo seria se voltasses. Mais ridículo ainda seria se eu te aceitasse de volta... E só tu e eu sabemos o porquê. E isso basta. Basta-nos. Basta. Nem* *sequer quero falar no assunto. Basta!... Mas, às vezes, suspiro e sinto que tudo regressa de novo. E esses meus "suspiros" acontecem com muito mais frequência do que eu gostaria de reconhecer. Às vezes penso que Cristina se casou de novo para provar qualquer coisa a si própria. Ou a alguém... Talvez até só procurasse sentir-se bem - (ou melhor) - consigo própria. Mas isso sou eu a divagar. Não quer dizer que tenha sido assim. Nem, muito menos, que seja assim... Isso sou eu, cá dentro de mim, à procura de respostas... A minha maior frustração é que simplesmente, nesse momento, não estou as conseguindo encontrar...*

*

Mas o facto é que ela casou... E que ainda se mantém casada. Ela seguiu em frente, sem olhar para trás, e talvez eu devesse fazer o mesmo. E talvez, à semelhança dela, eu tenha apenas de confiar, e ter a esperança, que alguém me pegue ao colo durante, pelo menos, uma parte do caminho...

Hoje "por acaso" vi o Jorge. E escrevo "por acaso" ente aspas porque tu bem sabes que eu não acredito no "acaso". Tenho a certeza que tudo acontece por um motivo e sabes, tão bem quanto eu, que o "acaso" e a "coincidência" não existem. O "acaso" e a "coincidência" são apenas os pseudónimos que Deus utiliza quando quer ficar incógnito. Então sei que não foi "por acaso" que o encontrei. E, apesar - (como já te disse antes) - dele ser traficante, ele, no fundo, até é bom rapaz. Mas o facto dele ser boa pessoa, não justifica, nem valida, o que ele faz. Nada justifica o tráfico. Ganhar dinheiro com a desgraça dos outros, amarrando-os num horrível vício como são as drogas duras, é uma das melhores maneiras, e uma das mais rápidas, de trabalhares para o diabo, de desgraçares a tua vida - (sim, porque tudo o que o diabo te dá, ele te tira... E sempre com juros, acredita!...) - e de perderes, definitivamente, a tua alma para ele... Mas, voltando ao Jorge... No fundo, ele sabe que sou seu amigo. E ele confia em mim. E eu nele. E se, pelo facto dele ser toxicodependente e traficante, eu o desprezar, então eu não estou sendo seu amigo, tal como, se o fizer, só o estarei mostrando que nunca o fui. Amigo é sempre Amigo e nunca despreza um verdadeiro Amigo, seja em que circunstância for... E, no fundo, tenho esperança que ele seja capaz de dar a volta à sua vida. Acredito nisso piamente, afinal eu consegui mudar o rumo da minha... E se eu pude, ele também pode. Não sou melhor do que ele. Tento é ser um exemplo para ele. É ajudando-lhe que lhe vou recuperar como Homem e como Amigo. Mas Deus é que recuperará a sua Alma. Afinal, tu sabes tão bem quanto eu que Deus julga é pelo coração, e disse-te que ele tem "bom fundo". Ainda há esperança para ele. Eu acredito nisso. Afinal a fé é isso: É o acreditar sem ver... E eu conheço o Jorge doutras primaveras. E ele não é assim... Deus diz que devemos condenar o pecado e não o pecador. Por isso condeno o que ele faz. E não a ele. Ele é apenas mais uma vítima nas garras de Satanás, e se como amigo não posso, nem devo, desprezá-lo, tu bem sabes que, como Crente, é minha obrigação moral, ética e, acima de tudo, espiritual, ajudá-lo, e orar por ele, com todas as forças, e fé, que eu tiver, e que eu puder... E hoje encontrei o Jorge... Pedi-lhe boleia para que, pelo menos, durante uns minutos, com a desculpa da boleia, eu pudesse falar com ele. Fui directo com ele. E ele também foi directo comigo. Disse-lhe que conheço bem o Ruben e que tenho a certeza que ele não desistiria da Sofia sem luta, mas que, mesmo que ele perdesse essa batalha, e a perdesse definitivamente para alguém, ele nunca abandonaria um filho seu... Ele disse-me que o facto é que, quando a Sofia o procurou, pouco tempo depois do seu divórcio, que ela disse-lhe estar grávida de um mês. E pede-lhe para ele voltar para ela. Ele precisava pensar. Ele tinha a vida toda fodida. Ele diz que ele fez tudo para que eles se reconciliassem e que o Ruben, ao estranhar que ele se interessasse tanto pela reconciliação deles, suspeitou que aquele bebé não fosse dele, mas sim do Jorge, e que este apenas queria que o Ruben "tapasse" um erro dele e da Sofia... Por isso, quando ele soube que ela estava grávida, desconfiou que, mesmo durante o casamento, ela lhe traíra com o Jorge, ficara grávida dele, e isso agora vinha explicar o interesse súbito do Jorge para que eles voltassem um para o outro, percebes?... O Jorge pensou assim: "**Engravidei-a... Cria agora tu a criança, otário...**". Por isso o Ruben, ao aperceber-se disso, afastou-se. Por se ter sentido traído na sua boa fé... E, mesmo com a dúvida se aquele filho era seu ou não, partiu para nunca mais voltar... Foi essa a conclusão a que eu e o Jorge chegamos naquela conversa de apenas alguns minutos. Será verdade?... Eu não quero julgar. Quero compreender... Quero compreender para poder ajudar... Tu conheces-me. Tu sabes que eu sou assim... Não posso ver nada, nem ninguém, a sofrer, e luto como um tigre para corrigir uma injustiça. No meio disso tudo, tanto o Ruben como o Jorge, foram duas vítimas: O Jorge sempre teve o amor da Sofia mas nunca a teve. Ela casou com o Ruben, e com ele nunca chegou a casar. Hoje é companheira dele, e já não o pode ver. E ele não a quer, tal como nunca a quis... O Ruben sempre amou a Sofia mas nunca a teve porque, apesar dele ter casado com ela, ela sempre amou outro, ou seja, ao Jorge... Vês o que uma só Mulher conseguiu fazer na vida de dois Homens?... E isso sem falar na criança que, talvez, nunca venha a saber quem é o seu verdadeiro pai... Nenhum dos dois sabe, ou tem a certeza, qual deles é o pai daquela criança. A verdade só a Sofia a sabe, e só Deus tem a certeza... No fundo, cada um deles, um dia responderá por si, e por tudo o que fez nessa vida. Eu sei que não vou responder por aquilo que os outros me fazem; vou responder um dia é por aquilo que eu faço aos outros. Por isso vivo sempre em paz comigo próprio e com Deus... No caso do Jorge, eu não ficaria com ela, porque se ela me amasse, nunca casaria com outro. E nunca me usaria para tapar a gravidez dela com o ex-marido, afinal não sou emplastro de ninguém, e também não gosto que me façam de emplastro também... E se fosse o Ruben, só o facto dela me esconder estar grávida de mim, só me vinha confirmar que ela estava-me a esconder algo. Porquê?... Mesmo não sendo mais seu marido, eu nunca deixaria de ser um bom pai para o meu filho. Por ela me esconder algo tão importante como uma gravidez - (estamos a falar aqui da vida de um ser humano...) - eu não a queria mais para mim. Quem me omite alguma coisa, não é de confiança. E quem me mente, leva desprezo. E perder a minha confiança, e ganhar o meu desprezo, é forte. Muito mesmo... Mas a ela faria isso... Mas uma Mulher não omite nem, muito menos, mente. E as que o fazem, não são dignas de serem chamadas de Mulheres. E quem não sabe ser uma Mulher, definitivamente, não serve para minha esposa... Mas quem sou eu para os julgar?... Só Deus os pode julgar. E só Deus os julgará... Mas só queria que os três - (Ruben, Sofia e Jorge) - fossem felizes sem que, para isso, tivessem de atropelar as vidas uns dos outros, e fazer de uma criança, uma vítima para o resto da sua vida... Pai perdoa-lhes... Eles não sabem o que fazem...

*

E, pelos vistos, nós também não sabíamos o que fazíamos quando casamos. O facto é que nos divorciamos. Nunca percebi o teu pedido de divórcio. A completa ausência de lógica da tua decisão não interessava. O que interessava, para mim, era perceber o porquê. Fui traído por ti. Eu é que deveria pedir o divórcio e não tu. Mas percebo que vivesses com a tua consciência pesada, e não conseguisses olhar nos meus olhos a cada dia. Seria ver a cada manhã o porquê do peso da tua consciência. E isso não aguentarias. Tanto que não aguentaste, que partiste. Foi uma fuga e um acto cobarde, eu sei... Mas quem sou eu para te acusar?... Até estava decidido a perdoar-te, lembras-te?... Aliás, eu perdoei-te. Espero que nunca o esqueças... E tu, a ti, perdoaste-te?... Espero que sim... Mas, a princípio, eu sei que não, afinal casaste-te rápido demais, e qualquer um percebe que foi só para disfarçares a tua dor... Sei que nunca mais terei uma Mulher como tu, mas também sabes que também nunca mais encontrarás nem, muito menos, voltarás a ter um Homem como eu... Sei a Mulher que perdi. Tu é que não tens a noção do Homem que perdeste. E, no fundo, sabes disso... Não sei se soubeste, mas emigrei quando soube que tinhas casado. Eu, simplesmente, não aguentaria ver-te casada com outro. Uma coisa era ver-te com outro namorado qualquer - (os namorados são como as febres. Às vezes levam tempo a passar, mas passam...) - mas saber-te casada com outro, foi um K.O. emocional para mim. No dia do teu casamento sabia que te perdia para sempre... Fui para o Reino Unido. Quem sabe se nas terras de sua Majestade, eu encontraria uma princesa qualquer que fizesse feliz esse sapinho aqui?... Lá nada... Apenas fugi para longe de ti e da minha dor. Mal sabia eu que carregava as duas dentro de mim e, onde quer que fosse, tu e a minha dor, iriam agarradas a mim para sempre... Eu tinha, obrigatoriamente, de me libertar de ti, afinal eu já te tinha perdido para sempre... Quem sabe se, no meio do frio das terras altas da Escócia, meu coração gelava e, finalmente, te esquecia?... Quem sabe?... E parti... E parti sem saber o que me esperava. Mas também, esperar o quê?... Já não havia nada a perder. Quando o nosso "Tudo" se vai embora, apenas o nosso "Nada" nos resta. E tu bem sabes, meu Anjo que, sem ti, não passo de simplesmente Nada...

*

Como Evangélica que és, conheces a Bíblia tão bem quanto eu, e sabes que o Apóstolo Paulo, numa das suas cartas à Igreja de Corinto, admoestou o povo coríntio quanto aos deveres, e direitos, do marido e da esposa, no casamento. E sabes que diz que, em caso de separação, a mulher só tem duas alternativas: ou volta para o *marido ou nunca mais casa. Não fizeste nenhuma das duas. Não voltaste para mim, e casaste com outro, ou seja, fizeste exactamente o oposto do que Deus te pede para fazer. E quem se opõe a Deus não é Filho/a Dele. É Filho/a de Satã. Porque achas que diz na Bíblia que, em caso de adultério, a parte adulterada está livre para casar, e que a sua bênção alcançará a sua esposa e os seus filhos, serão chamados Santos?... E a parte que adulterou não pode mais casar enquanto o marido for vivo. E, caso o faça, passa, por herança, o adultério para o marido, e para o seu casamento, e seus filhos serão chamados Malditos?... Teus filhos estão malditos antes mesmo de nascerem. Pobres criaturas. E pensar que eles eram Anjos no Céu... Estás preparada para justificares isso a Deus um dia?... Como transformaste Anjos em seres malditos, por causa duma traição carnal tua?... Eu estou vivo... Não podias casar. Casaste... Traíste-me... E passaste essa maldição para o teu casamento e para os teus filhos. Que raio de Mulher és tu?... Que Crente julgas ser?... Que Mãe achas que serás?... O que achas que Deus pensa de ti?... Mas quem sou eu para te julgar?... Esse não é o meu papel. Esse papel é Dele. Fala lá tu com Ele. Ele que te perdoe. Eu simplesmente - (e por mais que te diga o contrário) - não consigo. Eu e Ele temos sempre a nossa conversa em dia. Fica bem... Shalom Adonai* para ti também...*

**A Paz do Senhor...*

Sabes que Satã é o pai da mentira, e que os mentirosos são filhos dele. Os Filhos da Luz são filhos da Verdade, e estes não podem, nem conseguem, mentir... Disseste-me que eras virgem. Eu acreditei... Disse-te que não era. Mas isso já sabias... Por saber que o teu sonho era obedecer a Deus e casares virgem, sempre te incentivei a ires em frente nesse teu sonho; do que dependesse de mim, casarias virgem. E por ser fiel a ti, fiz-me virgem por amor a ti. Nenhuma mulher me tocou, nem eu toquei em nenhuma mulher, durante todo o tempo que fui teu namorado, e nem em mim, e nem em meu corpo, toquei... Eu havia, simplesmente, me guardado para ti. Só para ti... Era mais do que justo... Tu bem vias o esforço brutal que eu fazia para me controlar mas, aos poucos, acostumei-me, e tu bem viste isso. E sabes que sempre respeitei a tua virgindade. Eu não aprendi a ser um Homem contigo. Eu já era um Homem antes de te conhecer. Admiraste-me mais ainda por eu te respeitar dessa maneira. Amaste-me mais ainda por eu te amar dessa forma assim... Mas eu não sabia que guardavas um terrível segredo dentro de ti. Tinhas sido violada pelo teu irmão mais velho, dos 9 aos 14 anos, duma forma repetida, maléfica e doentia. Ele te batia e te ameaçava de morte, caso contasses a alguém, principalmente aos teus pais. E tu, por medo, nunca disseste nada a ninguém... Às vezes me pergunto porquê... Podias parar com tudo aquilo a qualquer momento. Mas percebo que o teu medo te paralisasse, afinal tu eras uma criança. Até que, por fim, ele parou com as violações, quando já tinhas quase 15 anos. Esse passou a ser o "vosso segredo". Tua mãe sabia. Abafou... Teu pai matava-o se soubesse. E, para desgraças na família, já bastava o que te tinha acontecido. E ela agiu como mãe - (mas como uma mãe irracional...). Para evitar que um pai matasse um filho, escondeu, abafou, tentou perdoar... Mas tudo o que conseguiu foi carregar essa dor consigo para o resto da sua vida. Como Mãe e, principalmente, como Crente, ela falhou. E gravemente. A filha vivia traumatizada, e ficaria sempre enquanto não se fizesse justiça. E ficará para sempre porque, nesse caso, justiça foi coisa que não se fez... E havia tanta maneira de fazer justiça. Ela até podia perdoá-lo, mas ele não ficaria livre de pagar pelo que fez. Levá-lo à justiça era mais do que justo, e fazer com que ele fosse preso era inevitável... Mas calma... Da justiça de Deus ninguém foge. *"Ela tarda mas não falha..."*, dizem... Ela não tarda. Ela chega na altura certa, mas por não ser na altura em que queres, dizes que ela tarda. Mas ela vem sempre quando menos esperamos, mas quando mais precisamos, afinal isso é Deus a mostrar-nos que Ele sabe sempre o que faz. Só temos de confiar Nele. E é tão fácil ser feliz... É por isso que não me preocupo com os meus inimigos. O meu Deus, o Deus que eu sirvo, é que se preocupa com eles, Ele trata sempre deles por mim. Quando eles pensam que irão dar-me o golpe final, vejo-os a todos cair... Leiam o **Salmo 91:11** e percebem: **"Ordenarei aos meus Anjos que te cerquem, para que nenhum mal te aconteça..."**, e era exactamente por isso, por ter essa confiança em Deus, que Paulo afirmou: **"Se Deus é por mim, quem será contra mim?... Não temo nada nem ninguém..."**, e eu admiro muito Paulo porque, até na sua fraqueza, e no seu sofrimento, ele confiava no reconforto, e na extrema Força de Deus... Olha, repara lá - (aliás, tu conheces muito bem essa passagem bíblica...) - na fé que ele tinha ao afirmar isso: **"Agradeço-te Senhor o meu sofrimento, porque é na minha fraqueza que revelas a Tua Força, então quando eu sou fraco, é que eu sou forte..."**. Ah, grande Paulo... Se eu o conhecesse, tenho a certeza que a gente se ia dar bem. Ah, mas quem eu queria conhecer mesmo, mesmo, era Jesus... Já pensaste o que seria vê-Lo?... Ouvi-Lo?... Assistir aos milagres Dele?... Vê-Lo a ressuscitar mortos?... Já te imaginaste sentada a ouvir o Mestre, no Monte das Oliveiras, sentado numa árvore, a dizer as "Bem-Aventuranças"?... Costumávamos ler juntos essa passagem da Bíblia, lembras-te?... (Está em **Mateus**, capítulo **5**...). Nunca me esqueci... A Bíblia tem partes, bem pequenas mesmo, algumas até do tamanho de apenas um versículo - (ou parte de um) - mas que carregam em si uma força colossal... Têm a Força de Deus... Vê a confiança de Paulo em Deus em apenas 6 palavras: *"Tudo posso Naquele que me fortalece"*. Como se esquece *Filipenses 4:13?*... Inesquecível simplesmente... E foi esse tipo de confiança, e esse tipo de fé, que eu ganhei em Deus com o passar dos anos, e com o meu crescimento espiritual. E hoje é essa confiança que eu tenho em Deus. E sei que se fará justiça um dia. Verás... Aliás, já começou... Soube que o teu violador, o teu irmão mais velho, ficou esquizofrénico. Antes dos 30. Coitado. Porque será?... Estou sendo mau, ou é Deus que está sendo justo?... Isso é o que se chama "Deus a escrever certo por linhas tortas"... E isso ainda não são as dores, são o princípio das dores. Esse parto ainda mal começou. Vais ver o aborto que vai sair daqui... É a vida de teu irmão... Com Deus não se brinca... Sabes que não sou a favor do aborto, mas se era para a tua mãe ter um pedófilo, e um violador, como filho, mais valia ela ter feito um aborto. Assim seria só uma vida que seria sacrificada, e não várias. Mas, voltando à história... Disseste-me que eras virgem... Só faltava um mês e meio para casarmos quando tiveste um ataque de pânico à minha frente. Sabias que dentro de 6 semanas eu descobriria que não eras virgem. Também descobriria que tinhas me mentido durante todo aquele tempo. Seria o suficiente para eu anular o casamento, e sabes disso. E seria solteiro como sempre o fora. E também sabes disso... E, ou dizias-me a verdade sobre a violação, ou manterias a mentira até ao fim. Mas sabias que eu iria descobrir na mesma... Resolveste contar-me. Contaste-me. Passei-me... Quis fazer justiça com as *minhas próprias mãos. Sangue com sangue se paga. Sangue com sangue se lava... Disseste-me que já tinhas perdoado o teu irmão, e que eu não tinha o direito de abrir uma ferida que, para ti, já estava fechada. E que, se eu tocasse no teu irmão, não casarias comigo, e disseste-me mais ainda. Disseste-me que, para além de perdoar o teu irmão, se eu quisesse casar contigo, teria de te provar que o tinha perdoado... (Quem é que vocês acham que foi o meu padrinho de casamento?...). Foi esse Homem que perdeste... Nunca mais encontrarás um Homem assim. Se encontrares um Homem assim, traz-mo... Eu beijar-lhe-ei os pés...*

A última vez que a vi, chovia. Ela não me viu... Quando olhei para ela, havia uma neblina nos meus olhos que não era da chuva. Fechei-os por instantes... E, ao fechar os meus olhos, as minhas lágrimas caíram. E por ti, de olhos fechados, Cristina, chorei... Um dia resolvi, definitivamente, esquecer-te. Dizem que onde a dureza e a maldade só conseguem destruir, a sinceridade e o Amor conseguem esculpir... Sempre fui sincero contigo, e amei-te verdadeira e intensamente. E sabes disso... Isso esculpiu o quê em teu coração, na tua personalidade, e na tua vida?... Recordei-me daqueles dias em que éramos felizes, mas hoje sei que recordava uma Cristina que simplesmente já não existia. Percebi que amava uma Cristina do meu passado, uma Cristina que o vento levou, o tempo apagou e que, simplesmente, já não existe mais...

Eloi, eloi, lama sabachthâni... *

(*Deus meu, Deus meu, porque me abandonaste?...)

*

Violação... Ela fora violada. Pelo irmão mais velho... Esta era uma parte da sua vida que eu desconhecia. Falei com o meu Pastor, e ele disse-me que, por mais horrível que tenha sido, e que seja, o pecado do irmão, se ela o perdoou, ele já estava perdoado. E que eu não o deveria acusar. Antes pelo contrário, que deveria até orar por ele... Deus, como poderia perdoar um pedófilo?... Como poderia perdoar o violador da minha mulher?... Como poderia perdoar o violador daquela que escolhi para ser minha esposa para o resto da minha vida?... Como poderia perdoar o violador daquela que escolhi para ser a mãe dos meus filhos?... Ele, e o pai, foram os únicos que se opuseram ao meu namoro com ela. O pai, até percebo, mas o irmão dela, nunca percebi porque nos deu tanta luta para que nós não namorássemos. Só depois de saber a verdade, é que, aos poucos, comecei a entender. Ele tinha de destruir o meu namoro com a irmã porque, se eu casasse com ela, eu iria descobrir logo na primeira noite, que ela não era virgem. E, como ele sabia que a irmã iria acabar por me contar a verdade, e o acto nojento dele seria descoberto, ficou com medo das consequências, e deu-me luta - (muita mesmo!) - para que eu e a irmã acabássemos o nosso namoro. Mas casamos... O Amor parecia ter vencido nessa altura. Mal sabia eu o que me esperava... Mas, um mês antes de casar, descobri isso. Meu Pastor dizia-me para lhe perdoar, meu coração não deixava, e minha razão, simplesmente, não conseguia. Era simplesmente impossível para mim, perdoá-lo. Mas falei com ele, disse-lhe que sabia a verdade, e que só não o matava porque, para além de ir preso, foderia toda a minha vida, e perderia a irmã para sempre. Disse-lhe que ela sabia daquela nossa conversa, que ela me tinha pedido que o perdoasse, e que lhe provasse que realmente o tinha perdoado. Foi aí que me nasceu a ideia de lhe convidar para meu padrinho de casamento. Ele aceitou imediatamente porque, caso não o fizesse, ele sabia que eu falaria com o pai, e quem lhe matava era o pai e não eu... O medo dele falou mais alto e ele aceitou... Vocês nem imaginam o estômago que tive de ter ao ver o violador da minha mulher, de braço dado com ela, no altar da Igreja à minha espera, e não lhe rebentar todo ali mesmo. Eu parecia estar no corredor da morte. O que me deu forças para subir aquele corredor até ao altar, sem que desmaiasse de tanto nojo que sentia ao vê-lo, foi saber que, ao tirá-la das mãos dele, era um Filho de Deus que tirava um Anjo das mãos do demónio. Cristina pensava, na sua inocência, estar tudo bem entre nós - (entre eu e ele) - e apenas sorria. Sorria tanto, mas tanto, que irradiava uma aura de felicidade à sua volta. E eu ia fazer tudo para que as coisas se mantivessem assim. Só Deus sabe o estômago que tive de ter... E isso - (não sei se repararam) - no dia do meu casamento... Mas, voltando à Cris, ela apenas sorria. Claro!... Afinal ela estava casando com o amor da sua vida. Bem, era, né?... Pelos vistos, hoje sou apenas uma sombra do seu passado, apenas uma página rasgada do livro da vida dela. E ela nem foi - nem é - uma sombra do meu passado. Ela é, simplesmente, um fantasma que me persegue... Eu tirei aquele Anjo das mãos do demónio, e ela tornou-se um demónio para mim, o meu demónio pessoal. E voltou a casar... Pai, perdoa-lhe... Ela não sabe o que fez... Volta a perdoar-lhe, Pai... Ela não sabe o que faz...

*

No que se refere a Pensamento mais Conhecimento, podem distinguir-se facilmente quatro tipos de pessoas:

1º - Alguns pensam que sabem e realmente sabem.
2º - Outros, por modéstia, dizem que não sabem nada, mas os factos revelam o contrário. Sabem. E muito...

3º - Outros sabem que não sabem, e não hesitam em admiti-lo, e há esperança para muitos deles, desde que estejam dispostos, e sejam humildes, para aprender.

4º - Outros pensam que sabem e, na realidade, não sabem que não sabem, e não há esperança para estes enquanto permanecerem neste estado deplorável, não admitindo a sua ignorância.

*Em que grupo achas - (ou melhor, pensas) - que te enquadras, my love?... Tu simplesmente pensaste que sabias o que querias. Mas não sabias. O resultado é a vida de merda que tens hoje... Houve um dia que publiquei num livro meu - ("**Diário de um homem esquecido**") - o seguinte:*

"A diferença entre o ser esperto e o ser inteligente, é que quem tem a mania que é esperto, nunca é uma pessoa muito inteligente. E quem é inteligente é sempre uma pessoa muito esperta. E quem não percebe a diferença é simplesmente tolo..."

Percebeste?... Ou queres que te explique?...

*

O Tempo... O Tempo é o berço da esperança, mas a sepultura da ambição. É o corrector severo dos tolos, mas o judicioso conselheiro dos sábios. Adverte-nos com uma voz que, mesmo os mais sábios, duvidam por muito tempo, e os mais tolos, crêem demasiado tarde... A Sabedoria caminha diante dele, a Oportunidade, com ele, e o Arrependimento, atrás dele... O tempo é que te fará perceber onde erraste, o mal que me fizeste, e o Homem que perdeste... És como algumas pessoas que andam por aí. Muitas pessoas pensam que sabem o que desejam fazer, ser, e alcançar, mas, muitas vezes, terminam derrotando-se a si mesmas. Porque será?... Fica a pergunta no ar... Quem sabe um dia encontras a resposta... Se um dia a encontrares, prometes-me que ma mandas assim pelo ar?.... Eu, que ando sempre de cabeça no ar, vou apanhar a resposta de certeza. É sempre assim... Até as minhas melhores ideias aparecem-me é quando estou distraído e nem sequer estou a pensar nelas. Mas é exactamente por ter a cabeça no ar, que aprendi a deixar tudo fluir. Porque achas que sou feliz assim?... Schiuuu... Pensa... É tudo por agora!...

*

Tu, no fundo, sabias o que querias mas, mediante o teu procedimento imprudente, buscaste uma solução errada, conseguindo assim o que não querias. E que, no fundo, nunca quiseste... Descansa, não o digo a ninguém. Esse assunto é só nosso, e está lá bem guardado no nosso mundo. Está seguro. E de lá nunca sairá. Não te preocupes. Há coisas que é melhor não mexer, e que é muito melhor nem sequer lhes tocar. E esse assunto é uma dessas coisas. Coisas nossas, pronto... Caga nisso e põe de molho. Até eu já me esqueci...

*

A vida ensinou-me... E eu aprendi a não dar nada por garantido. Aprendi essa lição contigo no dia do nosso divórcio. Talvez te tivesse perdido por um dia julgar teres sido minha. Como fui otário. Ninguém é de ninguém. E tu, algum dia, me julgaste teu?... Ah, Ah, Ah... A sério?... Só tu... Só tu mesmo para pensares assim... És tao insegura, que tinhas de julgar-me teu, porque sendo teu, julgavas que isso impedir-me-ia de "fugir" de ti, impedir-te-ia de ficares sozinha outra vez...

Dois Filósofos, **Soren Kierkegaard** e **Martin Heidegger**, fizeram da ansiedade o centro dos seus Sistemas Filosóficos. **Kierkegaard** achava que a Filosofia e a Teologia deviam lidar com a ansiedade, de outro modo, achava ele, fracassariam. **Heidegger** argumentava que a ansiedade é o centro da vida, e de todas as preocupações emocionais. Seus escritos originaram uma **Escola de Pensamento**, conhecida como **Existencialismo**, que ensinava que a angústia é uma emoção comum a todas as pessoas quando enfrentam problemas. **Soren Kierkegaard,** e mais tarde **Jacques Maritain,**

desenvolveram uma forma de **Existencialismo Cristão**, segundo o qual a angústia é aliviada pela fé em Deus. **Martin Heidegger** e **Jean Paul Satre** criaram uma forma ateísta de Existencialismo, em que enfatizavam a absoluta liberdade de escolha, que resulta em angústia, que deixa o Homem numa situação desesperadora, sem Deus e sem esperança. E muitas Almas, que não conhecem a Deus, são apanhadas na rede da sua maneira negativa de pensar, e passam grandes sofrimentos através da ansiedade. Porque achas que os Crentes, os verdadeiros Filhos de Deus, são pessoas extremamente calmas?... Porque temos a Paz que Jesus nos deixou, a tal Paz que Jesus disse que excede todo o entendimento. É essa Paz que temos. É a Paz que tenho hoje em meu coração...
Au revoir mon amour... Bye bye, my love...
Shalom adonai para ti também...

*

*Embora partilhem 99% do código genético, os cérebros de Homens e Mulheres são bastante diferentes. Perceber como funcionam pode evitar muita infelicidade entre géneros. A **Neuro-Psiquiatra, e Investigadora americana, Louanne Brizendine**, afirma que estamos a entrar numa era em que, tanto Homens como Mulheres, começam a compreender as suas singulares diferenças biológicas, e como essas diferenças afectam as suas vidas. Ela afirma que:*

"Se soubéssemos que os nossos impulsos estão a ser guiados por um estado cerebral biológico, poderíamos decidir o que fazer, em vez de seguirmos apenas os nossos impulsos."

Brizendine garante que certas funções, e áreas cerebrais, funcionam de modo diferente, tendo evoluído de formas diferentes para ambos os géneros ao longo do tempo, para produzir versões cada vez mais bem sucedidas de Homens e Mulheres. À luz da realidade biológica, um sexo unisexo é coisa que não existe. Há o receio enraizado da discriminação baseada na diferença e, durante muitos anos, a assunção da diferença entre os sexos não foi cientificamente examinada, com medo de que as Mulheres pudessem ganhar a luta pela igualdade em relação aos Homens. Fingir que os Homens e as Mulheres são iguais, para além de ser um mau serviço prestado a ambos os sexos, é sobretudo injusto para com as Mulheres. A perpetuação do mito da norma masculina, menosprezam as diferentes maneiras como se processam os pensamentos e, consequentemente, a percepção da realidade. Além de desvalorizar os poderes, e talentos peculiares, do sexo feminino. As novas Ciências do cérebro permitiram aos Cientistas apurar um leque de diferenças que explicam, por exemplo, o facto das Mulheres serem capazes de se recordarem dos detalhes dos primeiros encontros, e dos motivos das zangas mais inflamadas, ao passo que os companheiros mal se recordam do sucedido. Homens e Mulheres recorrem a áreas cerebrais distintas para arquivar emoções, vivê-las, resolver conflitos, comunicar, etc. A estrutura, a química, e o funcionamento do cérebro, influenciam o comportamento de ambos, o seu estado de espírito, o seu modo de pensar, apetite sexual, e bem-estar. A **Neuro-Cientista Catariana Resende Oliveira** afirma que estamos perante dois modelos diferentes de funcionamento cerebral, que determina comportamentos desiguais, mas que se complementam. Afirma ainda que, embora haja uma partilha de cerca de 99% do código genético, as diferenças são evidentes, tanto a nível estrutural como funcional. O cérebro masculino é maior, ao passo que o feminino tem uma densidade celular superior - (igual número de células numa caixa craniana menor). A parte do cérebro importante na tomada de decisões é maior na Mulher, da mesma forma que o cortéx pré-frontal, com a função de travão na actividade da amigdala - (núcleo cerebral responsável pela agressividade) - é mais desenvolvido no Homem. O Hipocampo, relacionado com a memória, é também maior, e mais activo, na Mulher. Segundo a Especialista, até às 8 semanas, o cérebro do feto tem características femininas, sendo o modo como se vão estabelecer, e desenvolver, os circuitos neuronais determinados pelos genes, e pelos níveis de hormonas sexuais. A subida de testosterona observado nessa idade do desenvolvimento do sexo masculino, altera o número de sinapses, o tipo de circuitos cerebrais que se irão formar, e a maneira como as células neuronais comunicarem entre si, o que é determinante para as diferenças de comportamento que, mais tarde, caracterizam os dois géneros. No cérebro feminino, os estrogénios promovem o desenvolvimento dos circuitos cerebrais relacionados com a interpretação, o reconhecimento das expressões faciais, e a empatia. Simultaneamente, o masculino é moldado por uma maior *capacidade de raciocínio matemático. A sociedade também desempenha o seu papel na arquitectura do cérebro, ao exigir que Homens e Mulheres se comportem de forma "adequada" ao seu género. Existe uma componente genética, e uma componente ambiental, na origem do funcionamento cerebral e, por consequência, na origem dos pensamentos, comportamentos, padrões fisiológicos, susceptibilidades de doenças, e outras funções, sustenta a **Drª Sofia Duarte, Mestre** em **Neurociências e Biologia de Comportamento**. Há estudos que procuram dissecar a contribuição das componentes genética e ambiental para os comportamentos ditos femininos, ou masculinos, mas separá-las é complexo. Algumas investigações revelam porém, que o meio envolvente influencia de facto o padrão de resposta clássica, associada ao sexo masculino ou feminino. Em certas Sociedades Matrilineares, por exemplo, as Mulheres são muito mais competitivas, e arriscam mais do que as Mulheres da nossa Sociedade, em que os Homens estão mais associados aos cargos de Poder. Para a Neurologista Pediátrica, pode dizer-se que existe uma maneira de pensar feminina ou masculina, embora ela não as entenda como exclusiva das Mulheres ou dos Homens. Considerando tudo o que sabemos sobre Biologia, Património Genético, e os estereótipos que a nossa Sociedade foi concebendo, podemos falar de formas de agir mais femininas ou mais masculinas. Felizmente, somos cada vez mais livres de não ficarmos restritos a um padrão de comportamento, e essa liberdade, e criatividade, são ainda mais notórias na criação artística, sublinha. Ao facto de haver Homens dotados de cérebros mais femininos do que masculinos, e Mulheres agraciadas com um* cérebro mais masculino do que feminino, a **Drª Sofia** garante que a determinação genética do sexo, é apenas uma das variáveis na complexidade imensa do ser humano. Baseada em 10 anos de experiência como **Terapeuta de Casal, Celina Coelho de Almeida** afirma que relações satisfatórias requerem conhecimento, disponibilidade, e a capacidade para lidar com as frustrações do dia-a-dia, quaisquer que sejam as divergências. Um dos motivos mais frequentes de ruptura é a traição, de que elas se apercebem com maior facilidade. Não sei se os Homens traiem mais ou não mas elas são mais perspicazes, adianta a **Psicoterapeuta** e **Directora** da **Clínica Insight**. Muitas vezes ambos os cônjuges queixam-se de não serem desejados, sem se aperceberem que o que está por detrás, é uma enorme incapacidade de comunicar. Uma Mulher precisa sentir-se amada, e valorizada, para investir no sexo. É-lhe difícil separar a parte sexual da parte afectiva. Ao Homem fragiliza-o mais pensar que não é desejado sexualmente, algo que muitas vezes sucede, não por falta de desejo da parte dela, mas por ela não se sentir apoiada por ele. Ao contrário do sexo feminino, preparado para ler rostos, interpretar sons de voz, e apreender nuances emocionais, os Homens, em geral, só compreendem que fizeram asneira quando as vêem chorar. Eles tendem à acção, querem resolver os problemas delas. Mas depois, como não sabem como fazê-lo, ficam atrapalhados, e isso acaba por se tornar desconfortável, e por impedir que haja uma boa cumplicidade, o que para as Mulheres é importantíssimo, explica **Celina**. A Neuro-Psiquiatra **Louanne Brizendine** aplaude o valor de não se cair em simplismos: "É certo que os objectivos soberanos do cérebro masculino são o sexo, o estatuto e o poder. Mas a história está muito longe de se ficar por aí...". Também eles são emotivos na sua infância, até a Biologia, a educação, a testosterona, e as pressões sociais, lhe (re) formatarem os circuitos. Quanto ao cliché do Homem sem emoções, guiado pela luxúria, a Ciência provou que o impulso sexual pode amadurecer, e transformar-se numa capacidade tão forte como as da Mulher. As boas notícias são que, quanto mais um Homem cuidar das suas crianças, mais ligações o cérebro cria para o comportamento paternal, ao mesmo tempo que a oxitocina ajuda o seu lado mais sensível a prosperar. Estamos sempre a aprender... Olha, repara só no que a ciência já provou: É falso quando se afirma que as Mulheres não têm jeito para as Ciências e Matemática. Quando as raparigas atingem a adolescência, não há diferença nas suas capacidades matemáticas, e científicas, face aos rapazes. O que acontece é que quando o estrogénio inunda o cérebro feminino, elas desinteressam-se por actividades que implicam menor interacção e comunicação. É verdadeiro quando se afirma que os Homens pensam muito mais em sexo do que as mulheres. Outra coisa que a Ciência já provou. Melhor... Explicou-nos porquê... Quem sabe assim as Mulheres percebem, definitivamente, que é algo mais forte do que nós o facto de gostarmos tanto de sexo. Está na nossa natureza. Fazer o quê?... Os centros cerebrais masculinos dedicados à sexualidade, são duas vezes maiores do que as estruturas correspondentes no sexo feminino, o que quer dizer que o cérebro lhes ocupa o dobro do espaço, e da capacidade de processamento. A Ciência provou também estar errado afirmar que sentimentos menos exaltados de paixão, significam que a paixão está condenada. O fluxo de dopamina no cérebro vai *diminuindo, mas o facto dos circuitos do prazer perderem intensidade, não afecta os circuitos afectivos. O casal pode estar simplesmente a evoluir para uma fase mais madura, mais estável, e duradoura do relacionamento, de maior entendimento entre ambos, e gosto na companhia um do outro. Também é verdadeiro afirmar que a maternidade muda uma Mulher para sempre. A concepção altera irreversivelmente o cérebro de uma Mulher em termos estruturais e funcionais. A determinação em proteger, e cuidar dos filhos, dominam os circuitos cerebrais, e as mães tornam-se ciosas da sua segurança, tornam-se mais vigilantes, com uma melhor memória espacial, mais flexíveis, mais corajosas, e mais inventivas. São as modificações mais permanentes, e mais profundas, na vida de uma Mulher. Também a Ciência já provou ser falso afirmar que os Homens não guardam recordações detalhadas das emoções. Se a pessoa com quem estão a interagir, se mostrar agressiva e irritada, eles são capazes de ler essa emoção, tal como as Mulheres o fazem. Caso contrário, os seus circuitos cerebrais não retêm informações, muito menos, detalhes de ocorrências tão marcantes como o próprio dia do seu casamento. As Mulheres tendem a interpretar isso como falta de amor, mas tem unicamente a ver com a forma como são arquivadas as emoções no cérebro masculino... "**O cérebro masculino está estruturado para buscar soluções e não para demonstrar empatia...**". Essa afirmação é verdadeira. O cérebro masculino não foi concebido para gastar tempo a falar de emoções, mas sim para se lançar ao encontro da solução. Tal não significa que os Homens não queiram saber dos problemas das companheiras, simplesmente resolver problemas é o modo que eles*

têm de demonstrar o seu amor por elas, e que se preocupam verdadeiramente com elas. É falso afirmar que a arquitectura do cérebro é determinada à nascença e concluída no fim da infância. Embora a distinção entre cérebros comece por ser biológica, a cultura, e os comportamentos ensinados, são igualmente essenciais nessa formação contínua. Alguns Cientistas defendem que diferenças sexuais de comportamento, e cognição, podem aumentar, mas podem diminuir também, inclusive até desaparecer, dependendo do contexto social ou período histórico. É verdadeiro afirmar que a diferença entre cérebros masculinos e femininos tem raízes evolutivas. No tempo das cavernas, as mulheres preparavam os alimentos, cuidavam dos filhos, e aprenderam a ler a linguagem corporal dos bebés, para ajudá-los a sobreviver, ao mesmo tempo que se relacionavam com as outras Mulheres do grupo. Os Homens, que caçavam e lideravam, desenvolveram um cérebro menos social, mas mais funcional, com aptidões visuais, manuais, e de coordenação, para construir ferramentas para poder caçar, fazendo assim com que a sua descendência continuasse a existir... Como vês, se lesses mais, entenderias muito melhor os Homens - (e as Mulheres também...) - e compreenderias muito melhor as nossa diferenças... Percebes agora porque, uma semana antes de casarmos, te ofereci o livro **"Porque os Homens mentem e as Mulheres não sabem ler mapas de estrada..."**?... Devias achar que era um livro de piadas do Fernando Rocha e não o leste. Devias ter lido. Hoje não eras uma mulher divorciada, e casada pela segunda vez...
Eras uma Mulher...

*

Li, não sei onde, que se nós aceitássemos as nossas possibilidades no presente, de certeza que iríamos melhorar no futuro. Mas que se negássemos as nossas limitações, que jamais nos veríamos livres delas... E reconheci que eu, ao não querer esquecer-te, diminuía-me. E cansei de me diminuir. Digamos que decidi crescer... Se a vida que passou não foi aproveitada no tempo certo, agora é tarde demais. Não vale a pena chorar o que não se viveu... A vida que ainda não aconteceu, é preciso esperar pelo momento certo para que ela aconteça. Não vale a pena ficar ansioso à espera, senão não vives o teu momento presente... Esse é o momento presente. Porque achas que se chama "presente"?... O "Aqui" e o "Agora" marcam um instante sagrado, onde tudo acontece ao mesmo tempo, onde não há futuro, nem presente, nem passado, e que é TUDO o que Deus tem AGORA para ti... Vive-o sem medo, e verás que serás muito, mas mesmo muito, mais feliz...

Vou ter de ler isso de novo. E várias vezes, para ver se aprendo a ser feliz de uma vez por todas...

*

Há um ditado antigo que diz assim:

"Em vez de ficar amaldiçoando o lugar onde caiu, deveria procurar aquilo que o fez escorregar"...

Em vez de te perguntar a ti, perguntei-me a mim próprio, o porquê do nosso divórcio. O querer perguntar a ti as razões, podia ser uma forma inconsciente de eu evitar confrontar-me comigo próprio. Estava com medo de escorregar, talvez... Mas tive de o fazer. Tive de entrar em mim, e procurar dentro de mim as *respostas para tal coisa acontecer entre nós... Hoje tenho as minhas respostas. E tu, tens as tuas?... Eu perdoei-me. E tu, conseguiste-te perdoar?... Espero que sim. Também te perdoei. Diz na Bíblia que, quando alguém nos pede perdão, devemos responder: "**Já estavas perdoado antes de pedires perdão**". Logo não me peças perdão. Nunca te acusei de nada, logo não tenho de te perdoar de nada. Tu é que não te sentes bem contigo própria, e com a tua consciência, e não te consegues perdoar a ti mesma. Mas é como já te disse: Não me preocupo com aquilo que os outros me fazem. Não é por isso que eu vou responder um dia. Vou responder um dia é por aquilo que eu faço aos outros, e não por aquilo que os outros me fazem. Isso não é comigo. Isso é com eles e com Deus. Eu e Ele temos outro tipo de conversas, acredita. Já te disse isso... Entende-te tu com Ele... Ele que te perdoe. Eu não tenho nada para te perdoar. Tu apenas queres que eu te perdoe para que possas ficar em paz com a tua consciência. Isso faz-me lembrar algo que **Calvino** afirmou um dia:*

*"**A tortura de uma má consciência é o inferno de uma alma vivente...**"*

*

É óbvio que depois do meu luto emocional, voltei a apaixonar-me, voltei a namorar, mas por mais pacientes que elas fossem comigo, e por mais que gostassem de mim, elas simplesmente não aguentavam. E saíam repentinamente da minha vida. Eu, que não esperava nada delas, nunca me desiludia, pois, no fundo, não queria nada delas... Sabes que as Mulheres são intuitivas, e elas apercebem-se quando um Homem pensa noutra Mulher. Um Homem simplesmente não consegue disfarçar quando ama outra,

e sabes disso... No fundo, até lhes agradecia quando elas partiam. Evitava magoar-lhes assim... E acredita que andei com gajas bem boas, uma delas até bem rica, que até queria que eu ficasse lá em Lisboa com ela, a viver à custa dela... Mas tu conheces-me... Achas?... Tudo entre nós se resumia a pouco mais do que sexo... Se não era elas a partirem, quem acabava com elas era eu. Simplesmente não tinha paciência para as sofrer. Em todas elas te via a ti, e era a ti que eu queria, era a ti que eu procurava em cada uma delas. E em todas elas...
Com todas elas eu fiz amor contigo...
Tu?... Tu és incomparável...
És simplesmente inesquecível...

*

O **John Legend** está a dar-me cabo da cabeça. Aquela música "*All of me*" é qualquer coisa que mexe com toda a minha estrutura. Nem te sei explicar... Simplesmente não consigo ouvi-la sem chorar. Porra, mas porquê?... A letra está perfeita. Mas quando o ouço a cantar: "**My head´s under water but I'm breathing fine...**", não consigo evitar chorar... O que queres que faça?... Deve ser da idade, sei lá... Sempre tive um coração de manteiga, eu sei, mas de há uns tempos para cá, foda-se, até pareço uma mulher com o período. Ando sempre de lágrima no canto do olho, e qualquer coisa é motivo para deixar cair, e soltar, algumas das minhas amigas aqui. E digo que as lágrimas são minhas amigas, porque sempre que me aparecem, levam sempre consigo um pouco da minha dor. Elas levam a minha dor, logo são mais minhas amigas do que tu. Tu não só não levaste a minha dor, como me deixaste a tua contigo. E fiquei com a minha e com a tua dor... É muita dor para um Homem só... Só eu sei como sobrevivi. E digo "sobrevivi", porque foi - e é - mesmo assim. Eu, sem ti, não vivo; sobrevivo... Foda-se... Ainda me custa a acreditar que nos divorciamos. Os nossos amigos comuns, quando lhes contei, todos eles pensavam que eu estava brincando. Até hoje ninguém percebeu. Nem eu. Principalmente eu... A traição eu até era capaz de perdoar, agora partires sem me dizeres nada, sem olhares para trás, e sem nunca me teres dado o motivo para me teres pedido o divórcio?... Isso não se faz... Dez anos depois ainda continuo à procura de respostas. Procuro-me, e reviro-me, todo dentro de mim, tenho de achar onde falhei, onde está o grave erro que cometi para partires assim?... Que mágoa foi essa que te dei?... Porque me fizeste isso?... Onde estás?... Onde estou?... Quem sou eu?... Sem ti?... Não sou nada nem ninguém... E, sinceramente, nem sei se quero um dia voltar a ser alguma coisa... Não me restou nada... Então deixa-me ser esse "nada", esse grão de pó na beira da estrada, deixa-me apenas ser esse "nada" que sou eu...

Eloi, Eloi, lama sabachthâni... *

(* Deus meu, Deus meu, porque me abandonaste?...)

O contentamento consiste não em possuirmos o que quer que o nosso coração deseje, mas sim em estarmos satisfeitos com o que possuímos. E eu simplesmente não estava satisfeito com o que possuía. Sentia-me incompleto, ou melhor, vazio... Então, como poderia estar contente?... Logo era impossível estar, e ser, feliz... Eu vivia porque vivia, porque precisava, e tinha, de continuar a viver, porque tinha uma filha para criar, porque infelizmente ainda precisava viver um pouco mais... Chorei como chorei porque apenas perdi alguém. E chorar como chorei era cuspir em tudo o que Deus queria que eu fizesse. Nunca podemos - (nem devemos!...) - fazer de ninguém o centro da nossa vida, pois se deixarmos isso acontecer, e se esse alguém parte, e nos abandona, a nossa razão de viver deixa de fazer sentido, e o nosso mundo cai aos nossos pés... Por isso só Deus pode - (e deve!...) - ser o centro da tua vida, pois quando tudo à tua volta ruir, quando tudo à tua volta parecer perdido, quando tudo à tua volta chegar mesmo a cair, tu, que fizeste de Deus o centro da tua vida, mesmo que o teu mundo te caia aos teus pés, Deus te levantará. E te fará andar de novo... Ele até te ressuscitará se for preciso. Mas nunca, mas mesmo nunca, te abandonará... Já promete o Senhor, nosso Deus, há muito tempo na Sua Palavra:

*"**Ainda que teu pai e tua mãe te abandonassem, Eu, o Senhor, te acolheria.**" - Salmo 27:10.*

Como achas que suportei a dor que me deixaste?... Como achas que sobrevivi esses anos todos?... Foi a minha Fé... Tu conheces a minha Fé e o meu Amor a Jesus... Nem te vou falar disso. Essa parte de mim, conheces tu muito bem... Ouve isso... Ou melhor, sente isso... Acende uma fogueira... O caminho espiritual é como o fogo que arde diante de nós. O Homem que deseje acendê-lo, tem de se aguentar com o fumo desagradável, que torna a respiração difícil, e que nos faz chorar sem querer... Assim é a conquista da Fé... No entanto, uma vez o fogo aceso, o fumo desaparece, e as *chamas iluminam tudo ao redor, dando-nos calor e calma... Não deixes que ninguém acenda o teu fogo. Não deixes que ninguém te ajude a evitar o fumo... Assim fazem, e agem, os falsos Mestres. E Jesus nos avisou para termos cuidado com eles, que eles iriam aparecer de todos os cantos a dizer: "**Deus está aqui!...**", e "**Não... Deus não está ali; está aqui!...**". Esses falsos Mestres, que poderiam levar o fogo para onde tivessem vontade, ou apagá-lo na hora que quisessem, não só não o fizeram, como nunca ensinaram ninguém a fazê-lo... E, como não ensinaram ninguém a acendê-lo, são capazes de deixar todo o mundo na escuridão. Por isso só Jesus é digno de ser chamado de Mestre, pois Ele nos ensinou como conquistar, e usar a Fé e, após ter realizado tantos milagres, ainda afirmou que nós poderíamos fazer o mesmo. Afirma ainda que bastaria que acreditássemos. E que, conforme o que acreditássemos, assim nos aconteceria... Ele, Deus encarnado, assumiu que não iria ser fácil para nós, antes pelo contrário, chegando mesmo a afirmar que o discípulo não é maior do que o seu Mestre, logo se o Mestre havia passado por severas provações, obrigatória, e logicamente, que todos nós, Seus discípulos, iríamos passar também... Mas não nos deixou desamparados, pois Ele nos enviou o Espírito Santo após a Sua partida. E, realmente, o Espírito Santo desceu sobre os Doze, no dia de Pentecostes, e permanece até hoje entre nós, Seus Filhos, até que Jesus volte - (tal como Ele nos prometeu que o faria...). Acredita que Jesus voltará... Eu acredito... - (Afinal, nunca nos abandonaste...). E esse mesmo Jesus ainda declarou antes de partir: "**No mundo tereis aflições, mas tende bom ânimo. Coragem... Eu venci o mundo...**". Nas entrelinhas fica a - (óbvia) - mensagem: "**Todos aqueles que*** acreditarem em Mim, também o vencerão...". Deixou também registadas as Suas Palavras em **Isaías 93:5**: *"Nada temas porque Eu estou contigo."*. E foram passagens bíblicas como essas assim que me deram forças para seguir em frente... Afinal é como diz em **Filipenses 4:13**: *"Tudo posso Naquele que me fortalece"*... Afinal, e pensando bem, a Terra não tem tristezas que o Céu não possa curar...

*

A vida é feita de pequenos e grandes milagres. Nada é aborrecido porque tudo muda constantemente. O tédio não está nem na vida nem no mundo, mas sim na maneira como vemos a vida, e na forma como encaramos o mundo. E tu conheces-me... Quis - (e tive mesmo de o fazer...) - enfrentar a minha dor de frente, e enfrentei-a... Doeu-me muito, rasgou-me mesmo de alto a baixo, a minha dor foi tão forte que quase separou a minha Alma do meu Espírito, mas, foda-se, eu venci... Reduzi a minha dor à insignificância dela... Pois, quando lhe mostrei a minha vontade de viver, ela ficou reduzida a nada. Quando lhe mostrei a minha capacidade de perdoar, e de amar, ela simplesmente desapareceu... E até hoje não sei por onde ela anda... Mas devo-te confessar que, apesar da dor ter partido, ficou o vazio que tu me deixaste, e hoje sou eu que não sei onde estou... Nem sequer sei quem eu sou... Tenho sido forte, eu sei... Tenho seguido em frente *com sacrifício, mas com dignidade, digna de um guerreiro como eu, blá, blá, blá, blá, blá, blá... Mas a porra da dor, quem a sofre sou eu... Quem são os outros para julgarem a minha dor?... Foda-se... Mas eu ponho-me na vida de alguém?... Porque é que insistem sempre tanto em meterem-se na minha vida?... Tal gentinha reles, medíocre mesmo... Ainda se o julgamento dos outros aliviasse a minha dor, mas não, só a aumenta... Porque simplesmente me faz recordar tudo o que quero esquecer, ou seja, que te perdi a ti...*

*

Tenho feito dessas páginas, e desse caderno, um diário da minha dor, quase como que se fossem crónicas de um homem só... Isso fez-me lembrar algo que publiquei num livro meu - (o *"Diário de um homem esquecido"*) - e que é qualquer coisa como isso...

Crónica dum sábado esquecido...

E aqui estou eu sozinho, num sábado à noite, sentado numa mesa esquecida, no canto de um bar que não conheço, num sítio qualquer... É apenas mais um sábado à noite... Não vou para discotecas nem para a "night", como costumam dizer... Daqui a pouco vou para casa, deitar-me na minha cama, e ao fechar os meus olhos, vou mais uma vez entrar no "meu mundo". No "meu infinito"... E o "meu infinito" não é um infinito qualquer. É o "meu" infinito. Um mundo infinitamente sensível e onde a liberdade está ao alcance de qualquer um... Um mundo onde não há guerra, não há dor, nem mágoa, nem Amor... Simplesmente a ausência dos sentidos... Para quê sentir, se é no sentir que está o sofrer?... Para quê sofrer, se é nele que se encontra a dor?... Para quê senti-la, se é ela que nos traz a mágoa?... E com a mágoa, vem o desalento, a apatia, a vontade de não mais viver... E essa vontade é pior do que morrer... E essa vontade só se encontra na vossa realidade, pois na minha realidade, simplesmente a realidade não existe... Simplesmente existe sim, a irrealidade do existir, do sentir, e do sofrer... E é nesse mundo em que eu vivo, em que eu me refúgio, e é para lá que vou sempre que escrevo, pois escrevo, sem pensar e sem sentir... Já **Fernando Pessoa** dizia que *"pensar é não existir"* e que *"sentir é estar distraído"*. Concordo plenamente... Porque quando penso, deixo de existir na vossa realidade, para entrar num mundo que só eu conheço, e na ausência dos sentidos não se pensa. Apenas se É... É o ser-se SER na sua plenitude... Lá apenas SOU e não penso... Mas lá também não sinto, pois se sentisse estaria distraído pensando em algo que me faria sentir... E eu não sinto nem penso... Apenas Sou... Sou o Ser que não é Ser... Sou a existência inexistente, sou a inexistência presente... Aqui, agora... Nessa mesa, nesse canto desse bar que não conheço, num sítio qualquer... Sou a vibração duma energia que já não é, que já não existe, e que apenas se limita a ser... O ser e o não ser... A existir e a não existir... Um ser que não pensa, que não sente, e apenas é o que não sou... Ou seja, nada!... E é esse "nada" que quero sempre, e eternamente, ser... O Tudo e o Nada... O despojamento total de tudo o que é suposto existir... A presença banal, e extremamente reconfortante, de ser o que não sou... O nada, o inexistente, e tudo o que *guardo em minha mente... E é por pensar no que não penso, e sentir o que não sinto, que sou o que não sou, e que mostro o que sou, ao escrever nesse pedaço de papel, numa mesa esquecida, num canto de um bar que não conheço, num sítio qualquer... Apenas sou o que não sou e que nem gostaria de ser... Apenas sou..."*

Deus, como algo que escrevi há tantos anos atrás, pode voltar a ser uma coisa tão real na minha vida?... Apercebi-me que há um ciclo que se repete, uma dor que não acaba, um abismo emocional que teimo em não transpor... E simplesmente porque tenho medo... Medo de não encontrar ninguém como tu... E, como sei que não vou encontrar, deixei de procurar... E, como não há soluções finais para as respostas que procuro, a melhor forma de fazê-lo é na ficção. Por isso escrevo... Eu e o meu papel, cá nos vamos entendendo... Nele derramo a minha dor e, depois dela toda exposta na folha de papel, rasgo-a, jogando-a no balde de lixo... Ashes to ashes... Dust to dust... *

(* As cinzas às cinzas... O pó ao pó...)

My head´s under water but I'm breathing fine...

*

Tenho de entender o que sou depois de ti. Mesmo que doa. Mesmo que venha a descobrir que nada restou de mim depois de ti. O pouco que ainda havia de mim, levaste contigo. E agora já nada encontro de mim em mim. O que foi feito do meu "Eu"?... Se já nada existe de "Nós", e se o meu "Eu" anda perdido por aí, o que me resta?... Tu!... Porque "Nós" é a soma de "Eu" e "Tu". Mas se subtraíres o "Eu" do "Nós", finalmente perceberás porque só resta "Tu"... Se o meu "Eu" não está em mim, e em ti também não, me pergunto por onde andará... Tens visto o meu "Eu" por aí?...

Nunca mais me vi a mim... Partiste, lembras-te?... Eu era teu, e tu foste... Não voltaste... Mas, como eu era teu, levaste-me contigo. E agora como queres que saiba de mim, se não sei onde estás?... Onde andas?... Porque não voltas?... Onde estás que não me procuras?... Levaste-me a mim, deixando-me vazio por dentro, e deixaste-me a tua dor dentro de mim... E foi essa dor que me preencheu. Aguentei com ela durante esses anos todos. Ao princípio, pensava que não aguentava mas, aos poucos, acostumei-me ao peso dela, e hoje em dia já não me faz diferença nenhuma o tamanho, e o peso, da minha dor... Deus, não diz na Tua Palavra?:

"Eu permito que tenhas a dor para que possas crescer, mas a capacidade que Eu te dei para suportar a dor é muito maior do que qualquer dor que possas ter..."

E continuaste na Terra afirmando:

"Por isso, nunca chegará a ser insuportável para ti, pois nessa altura, quando vir que não aguentas mais, venho em teu socorro e levo a tua dor Comigo..."

Então, mentiste-me, Pai?... Por que raio é que essa dor se tornou insuportável e não me socorreste?... Não te pergunto o que faço a essa dor. Quero é que me respondas o que faço agora de mim?...

Tens visto o que essa dor tem feito comigo?... Respondeste-me com um sorriso e nessa noite sonhei que eu Te dizia:

*"Se essa vida fosse um combate, sei quem escolheria para estar no meu canto do ringue. Serias Tu... O meu Amigo Jesus... Eu sei que ninguém compreende o meu Amor por Ti nem, muito menos, a nossa Amizade, mas eu pertenço aos "loucos do mundo", aqueles que dizes na Tua Palavra que usarias no Final dos Tempos para confundir os "sábios da Terra...". Não estou à espera que me percebam... Sou dos jovens que disseste que teriam "visões"... Obrigada pelas minhas. E por tudo o que já me mostraste... Contigo no meu canto do ringue, tenho a certeza que venceria todos os meus combates. O meu inimigo teria outro treinador: Satã... E todos os meus inimigos seriam sempre muito maiores do que eu. Eu sei... Mas também sei que eu ia sem medo para o meio do ringue, afinal estavas ali. Bastaria abstrair-me do barulho da multidão - (eles só querem ver sangue. Para eles não interessa quem ganha ou perde... Representam o mundo e a opinião dos outros...) - e ouvir a Tua Voz, e eu saberia sempre o que fazer, saberia sempre como me esquivar dos golpes do inimigo, e como golpeá-lo nas alturas certas, e eu venceria sempre... Às vezes, se o inimigo for muito grande, se calhar, vou ficar com medo, mas eu sei que se Te perguntar: **"Amigo, 'tás aí?..."**, vais me responder: **"Sim, Filho... Estou, e estarei, sempre aqui... Vai. Nada temas. Eu estou contigo...".***

E eu iria. E venceria... Mas os anos passaram e tive vários combates nessa vida, e eu reparei que cada combate tinha vários assaltos, e que, em todos os assaltos em que eu ouvia a Tua Voz, eu os vencia facilmente. Mas houve outros combates Pai, em que o barulho da multidão era tão forte, e tão alto, que eu não conseguia ouvir a Tua Voz, Amigo... Ficava simplesmente sem saber o que fazer, sentia-me abandonado Amigo, ali naquele ringue. E era exactamente nessas alturas que a vida me dava mais pancadaria. E eu gritava: "'Tás aí?... 'Tás aí?...", e eu não Te ouvia... Nessas alturas eu pensava: "**Amigo, deixaste-me sozinho no meio dessa multidão que só quer ver sangue, e com um inimigo desse tamanho, a dar-me porrada dessa maneira?... Disseste que ias estar sempre aqui no meu canto do ringue... Como foste capaz de me abandonar?...**". E esses combates perdi-os todos por K.O. Mas cresci com todas as minhas derrotas, e aprendi com todos os meus erros nos combates que vida me apresentou, e em todas as batalhas que enfrentei, fosse qual fosse o meu inimigo... As cicatrizes viraram sabedoria, e as derrotas, experiência de vida... Obrigada por isso, Mestre... E aprendi algo Contigo, Amigo: Que até Tu, Jesus, como Homem, duvidaste do socorro de Deus, quando Lhe perguntaste na cruz: "**Eloí, eloí, lama sabachthâni?...**" * - (* "**Deus meu, Deus meu, porque me abandonaste?...**") - logo, quem sou eu para não ter os meus momentos de dúvida?... Mas também aprendi Contigo que, nas alturas em que Te retiravas do meu canto, retiravas-Te para ver se eu já me desenrascava sozinho, tal como um pai que, ao ensinar o filho a andar, um dia larga-lhe as mãos, confiando que seu filho vai andar sozinho, porque, no fundo, Sabias que, se eu pusesse em prática tudo o que me havias ensinado, eu conseguiria derrotar o inimigo sozinho. Fosse ele qual fosse... Perdi alguns combates até aprender isso, mas quando finalmente percebi isso, nunca mais perdi nenhum. Venci-os a todos por K.O... E hoje em dia meus inimigos pensam duas vezes antes de subirem ao ringue comigo. Já sabem antecipadamente que vão perder. Nas altura em que percebia que o meu *"**Tas aí?**..."* ecoava no vazio, e não ouvia a Tua resposta, sabia que já me tinhas dado a (Tua) resposta... Confiavas que eu o venceria sozinho... E isso dava-me uma confiança fora de série. Eu protegia-me o mais que podia dos golpes do inimigo, golpeava-lhe da melhor forma que sabia, que podia, e com toda a força que tinha, e tentava-me lembrar de tudo o que tinhas me ensinado, e o que me dirias se estivesses ali... O inimigo começava logo a mudar de cor quando se apercebia que, mesmo sem o meu Mestre no meu canto do ringue, que eu não tinha medo de avançar para ele e combatê-lo. Isso vindo de um Homem tão pequenino como eu, perante os inimigos que eu apanhava pela frente, impunha respeito... Sou pequenino mas não sou fraco. Tenho a força do jovem **David** que matou **Golias**. A nossa força é a nossa fé. E todos os meus medos acabam onde começa a minha fé... E, mesmo vencendo todos os combates, eu também levava grandes golpes e, muitas vezes, já muito perto da inconsciência, eu dizia: "**Amigo**, ´tás aí?...", e apesar de não ouvir a Tua Voz, no fundo, eu sabia que nunca me abandonarias, e que na altura da minha maior aflição, Tu me aparecerias... E, quase a tocar o gongo final, eu ouvia:

"Eu estou aqui, Filho... Eu sempre estive aqui... Apenas não deixei que me visses para que, no meio da escuridão, te descobrisses a ti... E, quando o conseguisses, me verias a Mim... Agora, vai... Derrota aquele inimigo ali por Mim... Vai, Filho... Nada temas... Eu estou contigo..."

E com meu Amigo Jesus no meu canto do ringue, eu chegava lá à beira do meu inimigo e, num só golpe, vencia-o sempre por K.O... Amigo, 'tás ai?...

*

Recordo agora o que não vivi contigo... Não eras a maneira mais certa de viver, eu sei. Mas eras, e és, com toda a minha certeza, a única maneira possível. E bastava-me isso para estar tudo bem, para encaixar todas as peças desse grande puzzle que somos nós. Mas também entender o quê?... O Amor não entende, nem quer fazer-se compreender. Ele é incompreensível, por isso pertence ao mundo da emoção e não da razão. E por isso, e apenas por isso, o Amor apenas se consegue sentir. E nunca, nunca mesmo, será compreendido. Não há racionalização possível para o Amor... Já o grande **Mestre Pessoa** disse um dia: *"**Não penses. Apenas sente...**"*... Ah, Mestre... No fundo, amarmos é estarmos *incansavelmente preparados para aquilo que sabemos que nunca acontecerá. Então, para quê complicar?... Ama e pronto... O Amor não é complicado. As pessoas é que são... Eu, sem ti, continuo. Continuo-me... Talvez esteja apenas à procura de mim. Por acaso sabes, meu amor, em que altura do percurso da minha vida me perdi?... Viste-me por aí?... Se me vires, diz-me para voltar para casa... Tenho saudades de mim, tenho saudades de ti, morro de saudades de nós... És o fim do mundo e o começo de mim... Quero-te pelo que és, mas quero-te mais ainda pelo que me fazes ser... Um dia disseste-me: "**Um dia abandono-te só para te poder amar outra vez...**". Como eu adorava que agora afirmasses, tal como no romance do **Pedro Chagas Freitas** - ("**Prometo falhar...**"): "**Comecei a amar-te no dia em que te abandonei...**". Voltaste a casar, ganhei coragem e mandei-te uma mensagem de parabéns. Apenas respondeste-me: "**Casei com outro apenas para te poder amar em paz... De tudo o que amo, és tu o que mais me apaixona, mas tu bem sabes que para te amar assim, tenho de estar longe de ti..."*

*No fundo, foram para longe um do outro, para poderem estar cada vez mais perto... Vá-se lá perceber essa porra do Amor... **Miguel Esteves Cardoso** é que tinha - (e tem) - razão, talvez por isso tenha gostado tanto do romance dele "**O Amor é fodido...**"*

*

Já **Daniel de Sá** dizia: *"A melhor forma de ficar na ilha é sair dela."* e, usando agora essa analogia, tenta perceber o meu raciocínio quando te digo que, quando saíste da minha vida para sempre, mais te entranhaste no meu coração... Para sempre... Tu bem sabes que ficaste, que ficas, e que ficarás comigo, para sempre. Guardar-te-ei para sempre num cantinho muito especial dentro de mim e do meu coração... Já te disse que é eterno o que sinto por ti... O Amor é como a ironia da vida, que apenas dura o tempo necessário para se tornar eterna. Ou, no mínimo, *inesquecível... O nosso Amor é eterno. E tu tornaste-te inesquecível... Mas, não sei porquê, algo me diz que ainda vais voltar... Impossível?... O mais curioso nos amores impossíveis é que, às vezes - (só ás vezes...) - acontecem... Acredita!... Olha, por exemplo... Lembras-te quando me conheceste?... Julgavas ser impossível esse nosso Amor e, olha, vê lá tu até onde nós chegamos... A vida tem coisas do caralho, não tem?... E, exactamente por eu saber disso, e por ter a certeza de seres a pessoa menos provável no mundo para me fazer feliz - (Nada te explica na minha vida, a sério... Nem, muito menos, o que sinto por ti...) - talvez seja essa a razão de seres tudo o que eu procuro... Amo-te ainda tanto que, às vezes, ainda me pergunto quantas vezes é possível amar-te pela primeira vez... Sabe a pouco o que consigo ser sem ti... Sem ti não sou nada. Como pode saber a alguma coisa?... Não sei porque perco tempo a escrever sobre ti mas, provavelmente, esta até seja a melhor forma de chorar... Faço do papel, confessionário, e da caneta, a minha boca... As lágrimas?... Essas são a minha dor, e vão disfarçadas de tinta, que deixo escorrer lentamente para o papel... Há a urgência de uma redenção quando um Homem chora assim...*

Eloí, Eloí, Lama Sabachthâni*...*

(*Deus meu, Deus meu, porque me abandonaste?...*)

Às vezes basta uma vírgula para mudar toda uma vida... Por uma vírgula, te amei, por uma vírgula, minha mãe morreu, por uma vírgula, te perdi, por uma vírgula, tu foste. Por uma vírgula, partiste. E, por uma vírgula, nunca mais voltarás... E, por essa vírgula, ainda hoje sofro... Sei que, se voltasses, toda essa dor poderia também voltar um dia... Mas também sei que, se nunca mais voltares, toda esta dor voltará para mim todos os dias, até ao fim dos meus dias... E isso é pedir muito, mesmo até para alguém como eu... Tu percebeste... Nem me vou dar ao trabalho de te explicar... Contigo as palavras faladas, e escritas, não

funcionam para definir o que sentimos; apenas os gestos... E estes não precisam de palavras... Talvez por isso ainda te ame tanto... E, é por te amar assim tanto, que não consigo te perdoar... E, mesmo que quisesse, ou pudesse, tu bem sabes, meu amor, que é através dos olhos que todo o perdão acontece... E como posso ter sequer a chance que me perdoes, se nos meus olhos não queres mais olhar?... Tenho a minha resposta para isso... Talvez por saberes que, ao olhares nos meus olhos, verias reflectido neles o motivo da minha dor, ou seja, vias-te a ti... Sabes que te verias a ti retratada na minha dor e, por isso, afastaste-te... Como se fosse possível a ti, ou a quem quer que seja, afastar-se da dor, ou de uma culpa, só por afastar-se. Tu bem sabes que elas estão instaladas em ti, e não fora de ti. E onde quer que vás, tanto a dor como a culpa, irão contigo. Sempre... Como achas que, depois de todo esse tempo que nos separamos, ainda não és feliz?... E porque achas que eu sofro ainda tanto assim?... Por não te ter ou, simplesmente, por não seres feliz?...
Schiuuu... Pensa...

*

Lembro-me que, numa das últimas conversas que tivemos, te perguntei algo sobre o Amor, e respondeste-me qualquer coisa que me fez dizer-te isso:

"É essa a grande dificuldade de entendimento entre nós... Tu queres que eu perceba o que só se sente, e quero que sintas só o que consegues perceber... Sentir mais do que isso é sofrer... E sofrer não é amar... Um dia percebes..."

Já te disse, meu Anjo, que o Amor, tal como a Fé, não se racionaliza... Se quando a Fé se manifesta, a Ciência cala-se, quando o Amor aparece, a Razão desaparece, e a Mente cala-se, aquieta-se... E a Emoção passa a fazer o seu papel, e passa a sentir... E aí, quem passa a falar é a Emoção... E a Razão cala-se... Que mania da porra essa que tu tens de racionalizar tudo. Como podes aspirar a ser feliz assim?... Pôh miúda, fecha os olhos, respira bem fundo, e fica assim durante alguns segundos... Aquieta a tua mente, acalmando os pensamentos que te fazem correr no dia-a-dia, fazendo-te fugir de ti... Entra em ti e encontra-te... Ficarás em paz. Verás... O ser humano está sempre ocupado, fazendo qualquer coisa para ocupar a mente, para não ter de pensar. O ser humano tem muito medo de estar sozinho consigo próprio. Obriga-o a pensar, a fazer uma viagem dentro de si. E, porque tem medo do que vai encontrar, porque sabendo-se vazio interiormente, já sabe que não vai encontrar nada, simplesmente não o faz... Mas tu não és um vazio. Nem sequer tens a noção de Quem És Tu... Um dia explico-te a grandeza de um dia termos sido NÓS... Mas, para isso, primeiro terias de compreender a minha, e a tua, grandeza, para que, no fim, pudesses vislumbrar um pouco da grandeza que foi - (e que é) - o nosso NÓS... Esse NÓS que quebraste, e que, por causa dessa quebra, viramos Eu e Tu, com vidas separadas outra vez... Tu apenas me disseste:

"E se me estás a dar a tua opinião sobre assuntos do coração, vou dar-te a minha também..."

E disseste... Falaste, miúda... Ouvi tudo o que esperava, e o que não esperava, e até o que acho que nem merecia ouvir, mas talvez a culpa até fosse minha, afinal fora eu quem começara aquela conversa sobre o Amor. Cada frase tua era como uma tesourada no que restava da minha vida. Quando acabaste de falar, simplesmente, viraste-me as costas e saíste... Again... Ainda éramos namorados nessa altura, mas já se adivinhava a nossa, inevitável, ruptura... E fiquei eu ali sentado, na beira da minha cama, uns minutos em silêncio... Quando acordei para a realidade, já ias longe... Como sempre, já estavas bem longe de mim... (Às vezes me pergunto se algum dia estiveste perto...). Mas, apesar de ter ficado, e de ainda estar, em silêncio, sentia-me irrequieto por dentro... Mas por que raio estaria eu a sentir-me assim tão irrequieto?... Não fazia sentido. Devia sentir-me em paz, afinal foi apenas mais uma discussão banal, e nada mais do que isso... Mas comecei, aos poucos, a desconfiar, se o nosso casamento já não estaria acabado, ou se haveria ainda algum ciclo entre nós por se fechar?... E, caso houvesse, e depois de fechado esse ciclo, seria a nossa separação uma notícia esperada, ou algo inevitável, mas repentino?... Estaria preparado para tal, caso isso viesse a acontecer?... Bem, isso é paranóia minha. Só pode ser... Afinal, eu e ela nos amamos demais um ao outro para nos magoarmos dessa maneira... Porra, as coisas que um Homem pensa quando discute com a Mulher que ama... O que me fode mesmo é que elas pensam que só elas é que sentem, só elas é que sofrem, só elas é que sabem amar...

Pai, perdoa-lhes... Elas não sabem o que dizem...

Nessa negligente caminhada da Humanidade, as escolhas parecem arbitrariedades, o secundário precede o primordial, cuida-se do acessório, e despreza-se o essencial... Infelizmente, o mundo anda assim... Quanto a mim, não odeio ninguém, amo toda a gente, perdoo todos os que consigo, e ajudo todos os que eu posso... Podes optar por viver assim também. Não é difícil. Basta quereres. Está em ti viveres assim. Se o fizeres - (se viveres assim) - viverás em paz contigo própria, e com tudo o que te rodeia. E serás feliz... Se viveres essa filosofia de vida verás que serás muito mais feliz, porque viverás muito mais em paz. E o que te pode dar mais felicidade do que paz interior?... Nada!... Houve alguém que disse um dia:

"É o que não conseguimos ser que nos faz ser o que somos"...

Penso nisso agora com uma urgência infinita... Porque tiveste de partir para onde não estou?... Para onde partiste, se sabes que eu não vou?... Se sem ti não sou nada, e se não consigo ser nada sem ti, o que achas que me resta ser?... Nada, simplesmente... Eu, sem ti, não sou nada... Podia mentir-te e dizer-te que quero-te por tudo o que és, mas tu bem sabes que te quero mais ainda, que te amo mais ainda, e que te quero mais ainda, por tudo o que sou, e que consigo ser, e sentir, quando estou contigo... Quero-te pelo que sou... Porque sinto em ti a pessoa que quero ser... Mas foste. Partiste. Saíste definitivamente, da minha vida. Péssima escolha... Escolheste o péssimo e deixaste-me o insuportável... Tens noção do que me fizeste?... Não sei se te amo ou se te odeio... Nem sequer sei o que mereces de mim... Imagino que podes voltar numa noite de arrependimento ou num momento de redenção... Perto de ti, perco-me de mim... E fico assim triste, melancólico, nostálgico, eu sei lá... A melancolia é a filosofia do corpo, o instante em que todo eu me encontro para reflectir... Sinto-me dentro do que penso, e reflicto no que me faz estar vivo... É preciso a melancolia para que a alegria faça sentido, é importante perceber cada momento de distância para que todas as presenças aconteçam... E, mesmo na tua ausência, tens sido uma presença constante na minha vida... Onde estás?... Preciso amar-te com urgência... E essa urgência em amar-te fez com que eu parasse no tempo... Espera aí...Vou à procura de mim e já volto. Ou, então, se preferires assim, dá-me só um minuto para eu nunca mais voltar...

Quando alguém ama, suporta até a sua infelicidade, mas nunca a infelicidade de quem ama. E sofri muito quando soube que sofreste por mim. Hoje sei que já ultrapassaste isso, e hoje apenas sofro por mim. Mas a isso eu até já estou acostumado. O pior mesmo, em todo esse processo, foi o ter de aprender a viver na companhia da tua ausência. Hoje há um espaço tão grande entre o que eu vejo em mim e o que sou. O que vejo em mim é apenas dor, e o que sou... Eu sou, simplesmente, nada... Entre essa dor e esse nada que sou, ficou o nosso Amor, o teu Amor, e esse "Tudo" que és tu... Sei que às vezes - (só às vezes...) - parece que te odeio, outras, que te amo demasiado... Não posso odiar quem um dia amei tanto, que me amou tanto, e que me fez tão feliz... Sim, eu sei que hoje já não fazes parte da minha vida, e julgo até que já nem te lembras mais de mim, e acredito que já nem sequer te recordas quem eu sou - (Será que alguma vez o soubeste?...) - mas também sei que te amo como nunca amei ninguém... (tal como espero que o saibas também...). A única coisa de que te acuso - (ainda...) - é de me teres deixado sem respostas. Eu, simplesmente, não percebia - (nem nunca percebi...) - porque raio querias tanto a nossa separação?... Claro que não percebi. Nem nunca poderia perceber. Sei o namorado que fui, foda-se!... Eu pensava ser o teu mundo. E saíste-me com essa... Mas conheces-me, sabes como sou... Acabei por te perdoar - (espero que me tenhas perdoado também...) - e fiquei em paz... Mas, o vazio?... Esse ficou. E ainda faz questão em ficar por aqui... E fica... E fica... E fica... E...

Consegui achar o Ruben pelo Facebook. Falei com ele. A versão dele dos acontecimentos é como eu suspeitava. Ele realmente quis voltar para ela, e nunca percebeu porque queria ela tanto se divorciar dele, mas quando ele descobriu o motivo, ele é que fez questão de lhe pedir o divórcio, quando ele soube que ela estava grávida do Jorge... (sinal de que ela havia o traído...). E pede ao Jorge para que volte para ela e que assuma a paternidade. O Jorge nunca assumiu por não ter a certeza se aquele filho era - ou se é - mesmo dele ou não. E o Ruben diz ter a certeza de não a ter engravidado, pois a fase do casamento deles estava tão má, que eles já não tinham relações há meses, logo como poderia ela estar grávida dele?... Ele estava disposto até a perdoar a traição dela, mas quando ele soube que ela estava grávida de outro, o perdão tornou-se algo impensável para ele. Sempre que ele olhasse aquela criança, veria o motivo da sua dor... E, obviamente, o afastamento definitivo dele, tornou-se algo inevitável... E ela, para não ficar mal, resolveu deixá-lo mal, dizendo a toda a gente que ele a havia abandonado quando soube que ela estava grávida - (Ela nem soube mentir... Quando ela o traiu, ele a quis perdoar, e até quis esquecer tudo, e ficar com ela. Como é que ele a abandonaria quando descobrisse que ela estava grávida, se ele era casado com ele e a amava?... Porque haveria ele de fugir?...) - e que o Jorge é que lhe ajudou a criar o miúdo, daí que o chamasse de pai... Para te ser sincero, nunca pensei que fosse outra coisa. Conheço a personalidade e o coração do Ruben. E ele nunca faria isso... Como não aguentou depois vê-la com outro, decidiu mudar de país e recomeçar sua vida de novo... Fez ele muito bem. Ele merece ser feliz... E tenho a certeza que, onde quer que ele esteja, ele está bastante feliz, e está fazendo bastante feliz seja quem for que estiver com ele, ou à volta dele... E tu, meu Anjo, és feliz?... Eu?... Eu estou, e vivo, sempre na Paz do Senhor...

Shalom Adonai* para ti também fofa...

*A Paz do Senhor...

Tanto que há para escrever e só consigo escrever sobre ti... Que desgraça, ou que maldição, és tu, que me fazes tão feliz, e tão infeliz, ao mesmo tempo?... Sinto um frio enorme agora que não estás. És tão inacabável em mim. Sinto-me tão incompleto sem ti. Sem ti, sou simplesmente uma impossibilidade da Existência, se não puder ter a tua presença... E, se não te tiver, enlouqueço. E entre a inconsciência e a loucura, prefiro escolher a que te trouxer. Então, que venha a loucura, que se foda a sanidade... Vale tudo para que voltes. Qualquer loucura é bem melhor do que a insanidade que é viver sem ti...

*

*Houve um dia alguém que afirmou que: "**Se as coisas não estão bem é porque você ainda não chegou ao fim...**", e afirmou ainda: "**Se você continua vivo é porque ainda não chegou onde devia...**". Sei que, desde que partiste, não estou bem, mas não vejo a que fim posso ainda eu chegar. Não pode haver um fim se o meu princípio és tu, e, no teu fim, é exactamente onde (re) começo... Logo não tenho, ou melhor, não temos, princípio nem fim. Fomos, e somos, Amor em estado puro... - (tu, melhor do que ninguém, sabes disso. Percebes isso!...). E eu continuo vivo porque ainda não cheguei onde devia?... Depois de ti, não há onde chegar. Foste, és, e serás sempre - (e para todo o sempre...) - o meu ponto de partida, e serás sempre o meu eterno ponto de chegada. Não há nada para além de ti. Não há nada para além de nós... E sabes disso. Só nós... O resto é escuridão e vazio. Onde andas, minha luz?... Porque me deixaste aqui sozinho nessa escuridão, se tu bem sabes que eu morro de medo do escuro?... Ouço agora a música **"When I was*** *your man*", do **Bruno Mars**, e choro... Identifico-me com a dor dele... Tu achas, meu amor, que eu poderia ter feito mais?... Pôh, eu fui o melhor namorado que pude. E que soube ser. Acredita que fui o melhor que consegui ser... (ou, pelo menos, tentei...). Dei-te o melhor de mim. Dei-te tudo o que eu sou, e o que de melhor consigo ser... E sabes disso, não sabes?... Porque não desabafaste comigo?... Porque te fechaste em ti, e não te abriste para mim?... Porque não me disseste o que te incomodava?... Mas, não... Optaste por não dizer nada e partir... E partiste em silêncio. E, em silêncio, me deixaste. E, em silêncio, ainda hoje estou. E, no silêncio, até hoje vivo eu... É muito silêncio para um Homem só...

Um dia escrevi isso para ti...

"Se a saudade fosse um som, seria o som duma lágrima a cair... Se a nostalgia se visse, seria um pôr de sol... Pôr de sol esse que, quando o olhasses, chorarias ao recordar a saudade de um Amor que um dia partiu... Aí a saudade viraria lágrima e cairia. E, ao longe, esse Amor ouviria o som dessa lágrima, e ele viria voando para a enxugar. Pois, se ao longe choravas, ele, ao longe, sentiria o peso dessa lágrima e da tua dor... E só se sentiria em paz quando te livrasse do peso que é perder alguém que se ama. E amar-te-ia intensamente. Tão intensamente como o Amor Original. Tão intensamente como eu amo alguém. Mas esse alguém já deixou de ser saudade há muito tempo. Hoje o que sinto não se define. Apenas se sente... E o que sinto não tem nome, apenas dor. Dor que, de tanto me fazer companhia, passou a ser *parte de mim, até que um dia, de tanto me envolver, nos tornamos um só. Por isso sei que ela também sofre... Enquanto não me libertar dessa dor, sei que ela nunca será feliz. E eu nunca terei paz... Então tenho de ser feliz para que ela o possa ser também... Nem que seja só para ela ser feliz. Aí sim, serei feliz. Quando ela o for... Nesse dia partirei sorrindo e chorando. Sorrindo, pois finalmente ela já é feliz, e chorando, porque sei que nesse dia a perdi para sempre... Mas parto em paz porque um dia ela chegou a ser minha, e eu dela... Já fomos um. Hoje somos dois. Dois estranhos que um dia foram o mundo um do outro. Dois seres que hoje passam um pelo outro e nem sequer se olham, sendo completamente indiferentes à existência um do outro. Como se esquece isso?... Como se vive com isso?... Como me libertar disso?... Isso não é saudade nem dor. É frustração por não conseguir ser feliz, e por ter culpa dela não o ser. E sinto que não posso fazer nada para mudar isso... Quem me dera que as coisas fossem diferentes. Mas uma vez que não o são, limito-me a recordar-te. Aprendi com isso a nunca te esquecer... Amar-te-ei até ao fim dos meus dias, mesmo que isso signifique viver sem ti o resto desses meus dias. Isso não é uma promessa. É a minha convicção. Minha certeza, minha razão de viver. E isso não tem som, não tem cor, não se ouve, não se vê... Sente-se!... Mas se o meu sentir fosse um som, seria uma estrela a chorar, Jesus na Cruz a gemer, o som da minha lágrima a cair de tanto por ti chorar... Há coisas que não se ouvem, não se vêem, não se explicam... Como queres que te diga a cor do que sinto se até já nem sinto, e o nome do que quero, se já não quero nada?... Vivo na ausência dos meus sentidos, e eu não vejo, não ouço, não penso, nem sinto... Simplesmente não existo... Porque, sem ti, nem vale mesmo a pena existir... Então parto, e refugio-me num sítio que só eu sei, só eu conheço, e* que até Deus não está certo de conhecer... É lá mesmo. No sítio onde me deixaste... É lá que tens de me procurar... Lá achar-me-ás da mesma maneira que me deixaste... Só espero que tenhas a dignidade de corrigir o que me fizeste. Deves levantar-me e dar-me asas para juntos voarmos em direcção ao Paraíso. Ilusão minha?... Não!... Essa já foi a nossa realidade!... Quem sabe se volta a ser de novo?... Com as voltas que a vida dá, não espero nada, mas já acredito em tudo. E a piada da vida está nisso. Quando menos esperamos acontecem as coisas que sempre desejamos, mas que nunca esperávamos que acontecessem... Mas, por vezes, o inevitável também acontece. Deve-se enfrentar o inevitável com o dobro da força da energia da nossa existência. Ele sucumbirá aos teus pés. Seguirás em frente mais forte. Finalmente, ao longo de tanta batalha, já és um guerreiro. E, mesmo ferido, continuas a lutar... E guerreiro é aquele que nunca desiste, é aquele que luta até ao fim, é aquele que, mesmo a esvair-se em sangue, continua a combater... Mas também é aquele que sabe quando atacar e quando parar. Agora que parei de combater, comecei a pensar em ti, como se em ti fosse buscar forças para o próximo combate que se avizinha. Essa minha visão que és tu, dá-me forças não só para voltar a combater, como para chegar mais longe. E fico cada vez mais perto de ti... E tenho a certeza que um dia voltarei a estar ao teu lado de novo... E suspiro... No meio da guerra suspiro... E suspirando volto a erguer a minha espada e, por ti, continuo a lutar... Um dia minha batalha terá fim... Se morrer entretanto, quero que saibas que lutei por ti... Da melhor maneira que sabia, com tudo o que tinha, com todo o meu Ódio e Amor, com toda a minha vida, dei por ti a minha vida... Se não morrer, só paro de lutar quando, finalmente, fores *minha... Amo-te e amar-te-ei eternamente. Entretanto, vou continuar a lutar...*

2ª Parte

*

Hoje vi-te... Não sei quem és, nunca te vi, e acredita que tudo na minha vida fez sentido no momento em que os meus olhos te viram pela primeira vez... Não me peças explicações. Impossível explicar-te algo tão complexo. Juro-te que até ontem amava com todas as minhas forças a minha ex-mulher. Mas hoje vi-te... E isso mexeu muito comigo. Muito mais do que supostamente devia. Nem te conheço, achas normal?... Quem és tu que nunca te vi na minha vida?... Quem és tu para mexeres assim dessa maneira comigo?... Onde andaste toda a minha vida que nunca te encontrei?... Não sei o teu nome nem, muito menos, quem és tu, mas tenho um favor para te pedir... Leva-me contigo... Não sei porquê, nem te conheço, nunca te vi na minha vida ... Mas hoje?... Hoje apetece-me viver, e ser feliz, contigo para sempre... O porquê?... Sei lá... Ah, deixa-te disso. Isso não interessa... O Amor não foi feito para se compreender, mas sim para se sentir... Schiuuu... Sentiste-o?... Também eu...

*

*No fundo ele estava incrédulo perante a impossibilidade de uma explicação. Ele não estava a perceber nada... Nem queria... Limitava-se a sentir tudo... Explicações para quê?... As emoções não são para se racionalizarem, mas sim para se sentirem... Já dizia o **Mestre Pessoa**: "**Não penses. Apenas sente...**". O Mestre falou. Está tudo dito. Mais palavras para quê?...*

*

Assim como um malabarista lança as bolas no ar, nós lançamos um sonho no mundo, e nem sempre temos controle sobre ele. Nesses momentos é preciso saber entregá-los a Deus, e pedir que, no seu devido tempo, ele cumpra com dignidade o seu percurso, e caia realizado nas nossas mãos... Acredita que, assim que te vi, e no momento que olhaste para mim, e os nossos olhos se cruzaram pela primeira vez, naquela fracção de segundo, a eternidade parou, e aí tive a certeza de que eras a resposta a todas as minhas orações... Deus tinha-me ouvido mesmo... Foda-se, só podia ser... É que não era o facto dela ser linda, era algo que a envolvia, o que mais me atraia nela. Porra, era forte. Não conseguia evitar... Claro que ela percebeu. Topou logo... E é claro que ela fingiu disfarçar mas, não sei porquê, deu-me a sensação de que ela também tinha ficado incomodada. Não com o meu olhar, claro, mas sim com o que eu lhe transmitia através dele. Tinha de a conhecer... E, claro, que não descansei enquanto não a conheci. O "como" e o "onde" são apenas pormenores que em nada enriqueceriam nem, muito menos, acrescentariam, algo à minha história, então para quê não saltar isso, e irmos directos ao assunto?... Conheci-a... Fiquei completamente estúpido com ela quando a conheci. Porra, ela não era simpática, ela era a simpatia em pessoa. Ela não era linda, ela era uma deusa. Ela não era uma Mulher, ela era um Anjo... Fuck... Como é que uma Mulher pode ser assim tão linda, e ter uma personalidade assim, e um coração lindo dessa maneira?... Foda-se, afinal o Homem existe mesmo... E ela na minha vida, ou na vida de outro Homem qualquer, era a prova viva disso. Com ela ao meu lado, ou ao lado de outro Homem qualquer, quem é que precisa do Céu?... Com um Anjo daqueles ao meu lado eu já viveria no Paraíso aqui na Terra. Afinal, o Céu poderia esperar um pouco mais... O Céu espera sempre um pouco mais... Afinal, o Céu não fica aqui... Mas também não é, nem fica, lá em cima... Ele está onde tu quiseres. E à distância que tu quiseres. O Céu pode ser já aqui... Se quiseres, claro... E com ela eu já me sentia no Céu... Ainda estávamos nos conhecendo, mas eu já a queria só para mim. E para sempre... Meu coração, não sei bem como, já precisava de ti, todo o meu ser já te amava, minha Alma até já ameaçava sair do meu corpo... Foda-se, afinal quem és tu?... Basta-me a incerteza de não saber quem tu és, para te poder amar para sempre... Mas, no fundo, sei que tenho de me entender em ti, para te poder amar... Estranho essa coisa do Amor... Foda-se... Porque é que as coisas não podem ser mais simples?...

*

Eu sabia que tinha encontrado alguém diferente. Quanto mais falava com ela, quanto mais a conhecia, mais tinha a certeza de que não era uma ilusão minha. Ela era mesmo real... Para além de ser linda, tinha um coração muito sensível e uma Alma pura.

Amante da Natureza, apaixonada pelo mar, pela lua, e pelas estrelas, amava poesia, amava ler e escrever, amava o Universo e os seus indecifráveis mistérios, questionava-se sobre o porquê da vida, e do porquê de tudo existir, e do porquê da existência do cosmos, enfim... Acho que não precisa dizer mais nada... Ela era a Mulher certa para mim... Agora perguntava-me era se eu era o Homem certo para ela... Talvez até fosse, mas não com o coração partido daquela maneira. Confessei-lhe a minha dor, e falei-lhe de ti, e que sofria ainda muito por te ter perdido repentinamente, por não ter uma explicação para tudo o que se tinha passado, enfim, mostrei-lhe como realmente sou, e como, verdadeiramente, estava... Olha, teve o efeito contrário... Ela admirou-me ainda mais por isso... Vá-se lá perceber as Mulheres... Ela disse ter a receita certa para curar certas dores de Amor. Perguntei-lhe o que ela achava que eu precisava para me curar. Ela beijou-me, num beijo demorado, quente e molhado, e disse-me:

- Precisas doutro Amor...

O silêncio abateu-se sobre nós... De súbito, ela virou-se para mim e disse-me:

- Hoje pode ser considerado um dia fora do guião que escrevemos todas as manhãs. Basta querermos...

Olhou-me no fundo dos meus olhos, e em plena rua, abraçou-me. A rua simplesmente parou diante do nosso abraço... Nunca um abraço tivera tanta força... Naquela altura ambos percebemos que pessoas como nós, não procuram a eternidade mas sim os sentidos. Sentíamos cada beijo, cada toque, cada lágrima, cada sorriso, cada pequena grande descoberta, como se fosse o último momento das nossas vidas... Se viver assim não é já tocar no Céu, então simplesmente o Céu não existe... Quanto a ela, havia tantas razões para ela evitar o que acabara de fazer, afinal não sabia nada de mim nem do meu passado ... Mas algo em mim a atraía e lhe inspirava confiança. Não sabia bem porquê, mas ela sentia-se tão bem ao meu lado, que tinha a sensação de me conhecer desde sempre. E eu sentia-me exactamente da mesma forma. Parecia que eu a conhecia desde sempre... De várias vidas até, quem sabe?... Ela, tal como eu, acreditava na reencarnação, logo acreditava que até poderíamos ser Almas Gémeas. Nada justificava nós nos darmos tão bem, desde o primeiro olhar. Simplesmente não é possível nada ser tão perfeito e aparecer, e vir, assim, do nada, de repente... Mas, sinceramente, no fundo, isso não a interessava. O que realmente a interessava era o Homem que felizmente - (pensava ela) - acabara de descobrir... Eu, sinceramente, não queria acreditar que aquilo me estava a acontecer. Logo a mim, que nunca tive sorte com Mulheres... Cada vez percebo menos a vida. Talvez por isso a ame cada vez mais. Acima de tudo, amo viver. O facto de estar vivo e com saúde, já é uma grande bênção. Disfrutar da vida sem saber quem somos, donde viemos, nem para onde vamos, é um autêntico milagre, e um inegável acto de uma enorme coragem. É preciso ser-se muito corajoso para continuar a viver sem saber de onde se veio, porque se está aqui, e para onde se irá depois daqui. Mas é dessa coragem cega que vivem os Guerreiros da Luz, os verdadeiros Filhos de Deus... Ah... Já **Fernando Pessoa** dizia:

"Só para ouvir passar o vento já valeu a pena ter nascido..."

O Mestre compreendeu a grandeza das pequenas coisas e o verdadeiro milagre que é estar vivo... E tu, caro leitor, já percebeste?...

*

As semanas passaram, os meses também, e tornaste-te a confirmação de que o Amor é real, e que o Céu é já aqui... Hoje sei - (tenho a certeza absoluta mesmo) - que és a melhor pessoa que tenho em mim... Depois de tudo o que passamos, de todas as discussões que tivemos, nem entendemos bem porque ainda estamos juntos, mas é por ainda estarmos juntos, que torna o que nos une, inabalável... E essa força tem nome. Já deves ter ouvido falar do Amor... Não o percebes, é verdade, mas quem disse que o Amor tinha de se compreender, porra?... O Amor tem de se sentir. Amem-se, porra!... Se Deus existe, não está no meio de nós, de certeza. Onde anda o Amor, porra?... Foda-se, já viste como anda o mundo?... Eu, se pudesse, mudava o mundo. Acabava com a fome, com a guerra, e construiria um mundo melhor, e mais justo, para todos, onde reinaria só a Paz e o Amor... Foda-se, se até eu, um ser imperfeito, fazia isso, porque é que Deus não faz nada?...

*Jesus não disse que ia voltar?... Ele anda aonde?... Porque ainda não voltou?... Se calhar Ele, como está muito bem lá em cima no Céu, esqueceu-se de nós... Eloí, eloí, lama sabachthâni?... Deus meu, Deus meu, porque me abandonaste?... Se até Jesus duvidou, quem sou eu para não duvidar?... Acho que já estou como o salmista **David** que, numa das alturas em que estava frustrado com Deus, rasgou as suas vestes, e elevou a sua voz ao Céu, dizendo: **"Louvar-Te-ei quando responderes às minhas orações..."**. Pai, a sério, como queres que o mundo Te ame, e Te adore, se não Te dás a conhecer, ficando indiferente a tanta dor no mundo?... Revela-te Senhor, acabando com a dor do mundo, trazendo a tal Paz que nos prometeste que trarias, e que ainda estamos todos à espera. Mentiste-nos, Pai?... Mentiste-nos, Amigo?... 'Tás aí?...*

(Silêncio...)

Às vezes é assim... A frustração aparece quando pensamos que estamos sozinhos no ringue. Não estamos. Nunca. Mesmo quando parecemos estar... O inimigo nunca se distrai, e ele está à espera disso mesmo; que te distraias. Não te distraias. Nunca... A distracção é irmã da preguiça, e ambas são filhas de Satã. Designo por filhos de Satã tudo o que nos tira a paz interior: medo, insegurança, dúvida, ansiedade, maledicência, cobardia, complexos de superioridade, ou inferioridade, orgulho, raiva, ganância, ira, etc... E, se algum deles te invadir, no mínimo toque que o inimigo te der, cais redondo no chão. E o inimigo vence-te por K.O. Nem tens tempo de perceber o que se passou, acredita!... Schiuuu... Escuta... O teu Mestre, às vezes, tem de atender pedidos mais urgentes e, por isso, por vezes, ausenta-se, mas confia em ti, como bom Filho que és, que saberás o que fazer, não só para vencer aquele combate, como todos os combates que a vida te apresentar, e a todos os obstáculos que Satã te trouxer, para te impedir de seres feliz, realizando os teus sonhos, e alcançando todos os teus objectivos. Quanto mais o diabo te der luta enquanto perseguires um objectivo, mais certeza podes ter que estás no caminho certo. Por isso ele quer desviar-te... Então, não vês que Satã não se preocupa com aqueles que já estão perdidos?... Estes já são dele... Ele preocupa-se é em desviar os Filhos da Luz, vulgarmente conhecidos como Filhos de Deus. Mas os Filhos de Deus bem sabem que é na escuridão que a Luz brilha e que, quando tudo estiver escuro à sua volta, que basta olharem para dentro de si, que têm a certeza absoluta que encontrarão Luz... É essa a nossa diferença...

"Graças te dou oh Pai, porque ocultaste essas coisas aos sábios, e as revelaste aos pequeninos" - Lucas 10:21

*O que fui dói-me ainda tão perto... O que senti - (e que, em parte, ainda sinto) - por ti é ainda tão presente. Essa dor é ainda tão real... Como pudeste partir assim, Cris?... Isso não se faz a ninguém... Não tive alternativa senão refugiar-me em Deus. Jesus disse um dia: "**Pedi e dar-se-vos-á, buscai e achareis, batei e abrir-se-vos-á...**" - (Mateus 7:7). Então pedi uma solução para a minha dor, busquei o fim para o meu sofrimento, e pedi a Deus que me abrisse uma nova porta... Um novo Amor... Insisti em bater - (em orar...) - e nunca desisti... E parece que Ele ouviu as minhas orações. Como a explicas na minha vida?... Enquanto eu julguei que tivesses sido um Anjo na minha vida, ela veio-me mostrar ser, definitivamente, sem sombra de dúvida, um Anjo na minha. Ah,* *meu amor, não tenhas a dúvida que, dessa vez, eu conheci um Anjo...*

*

*Há relativamente pouco tempo publiquei um livro intitulado "**O Céu não fica aqui**". Achas que foi "por acaso" o nome desse livro?... Já fala dela nesse livro. Quem achas que é o Anjo que fica comigo no final da história?... Claro que é ela. Que eu saiba não tive mais nenhum Anjo na minha vida... Pensava que também o tivesses sido, mas o tempo me mostrou que nem sempre o que penso corresponde à verdade, logo, enganei-me em relação a ti... Mas* *não me engano ao afirmar que ela é, verdadeiramente, um Anjo, porque, se tenho a certeza que o Céu não fica aqui, é porque ela me mostrou onde fica... E acredita que não é ao teu lado, mas sim ao lado dela... Mais palavras para quê?...*

*

Mais um dia sem te ver... Mais um dia sem te falar... Mais um dia sem te ter... Para te dizer a verdade, hoje vi-te... Não estava mesmo nada à espera... Escrevias... Numa mesa, sentada sozinha, escrevias... Doeu-me ver-te sozinha assim. Queria aproximar-me para perguntar-te se estava tudo bem contigo, mas como julgava ser a razão da tua dor, não me aproximei para não te magoar mais ainda... Vi-te ao longe, mesmo sabendo que não me vias a mim... Amava-te em silêncio assim... Ao longe... Doeu-me muito ver-te, pois enxergava a razão da minha dor, e a razão da minha vida, numa só pessoa. Mas eras casada e eu tinha namorada nova. Tinha conhecido um Anjo, lembras-te?... Tinha conhecido, ou conheço, um Anjo?... Já não percebo nada. Sabes que fico assim quando estás por perto. Eu bloqueio quando te vejo. Simplesmente não consigo raciocinar, falar, e nem sequer pensar. Tento ficar o mais quieto possível, como se tentasse eternizar aquele momento... Cristina, tens noção do quanto te amei?... Tens noção do quanto ainda te amo?... Ah, foda-se... E a Natasha?... Deus, metes-me em cada uma... 'Tás aí?... Ainda por cima não dizes nada. Aí, é?... Vais me deixar sozinho logo agora que tenho de resolver esse dilema emocional?... 'Tá bom... Se é assim que queres... Mas, olha, não Te queixes depois se eu ficar em silêncio também... Já te disse, já estou como o salmista David quando afirmou: **"Louvar-te-ei quando responderes às minhas orações...".** *Pai, só te vou louvar quando me ajudares nesse combate, Pai... Foda-se, como é que eu vou resolver essa merda sozinho?... Pensa comigo... Eu amo a minha ex-mulher, certo?... Pronto!... Mas ela é casada, certo?... Pronto!... Acho que já começas a perceber a minha frustração. E nem te quero falar da dor que é saber que nunca mais a irei ter. Mas, dadas as circunstâncias, e contra tudo o que sei, que acredito, e que sinto, decidi esquecê-la. Agora metes-me a Natasha no caminho... No início não percebi, mas depois entendi... O que não percebo é que, quando estou bem num novo amor, quando as feridas do passado já começam a cicatrizar, quando penso ser possível começar a ser feliz de novo, porque metes-me sempre alguém no meu caminho?... Foda-se, isso não se faz. Essa eu não percebi... Foi essa a estratégia que arranjaste para esse assalto?... Como posso vencer assim?... Mas 'peraí que ainda não acabou... Quando eu pensava que já não podia doer mais nada, eis que vejo ela levantar-se e amachucar um papel, e atirá-lo para dentro do cinzeiro. Apagou o cigarro e bazou... Claro que não é preciso dizer que corri o mais que podia antes que algum estúpido de algum empregado de mesa decidisse me foder, assim de repente, e me esvaziasse os cinzeiros. Finalmente peguei no papel, endireitei o* mais rápido, e o melhor, que podia, e fiquei simplesmente estúpido com o que lá estava escrito:

"Mais um dia sem te ver, mais um dia sem viver... Mas ontem vi-te, e acredita que estava decidida a falar contigo. Queria dizer-te tanta coisa mas, ao mesmo tempo, não te quero dizer nada... Por isso ontem, quando te vi, não fui capaz de te dizer nada. Amo-te ainda muito, sabias?... O que me dói mais - (tento disfarçar a minha dor nesse meu sorriso que tanto amavas...) - é ver-te quase todos os dias, e não poder te dizer nada, nem, muito menos, falar contigo... Vento, leva essas palavras ao meu amor... Não sei por onde ele anda, meu amigo... Leva contigo, por favor, a minha dor. Ou então, deixa-me voar contigo... Leva-me... Não digo a ninguém... A sério... Schiuuu..."

Eu ia morrendo quando li aquilo. Foda-se... Ela ainda me amava. E agora? E a Natasha?... Mas a Cris era casada. Calma, ela se calhar nem se estava a referir a ti naquele bilhete, mas sim a outro gajo qualquer... Nã... Ela nunca amaria um gajo qualquer. Nem, muito menos, amaria assim... Hum... Eu sabia que aquele bilhete era para mim... Porra, e agora o que faço?... De repente veio-me à mente uma certa passagem bíblica:

"Não vos inquieteis com o dia de amanhã, pois o amanha trará os seus cuidados. Basta a cada dia o seu próprio mal..." - (Mateus 6:34).

Senhor, mas aquele mal não vinha só por um dia, aquele mal veio para ficar até ao fim dos meus dias... Diz-me, Senhor, o que faço?... Oferece-me essa dor noutra altura. Agora não...

Mas, como a mim tudo me acontece, o pior ainda estava para vir. Desabafei com a Natasha de como me tinha sentido quando a vi, e como fiquei depois de ler o bilhete. O quê?... Deu-lhe um ataque de ciúmes. Ela não percebeu que, naquele meu desabafo, se escondia um pedido de ajuda, um grito abafado a clamar socorro?... E, em vez de me apoiar, em vez de me tentar perceber, entrou logo a matar. Alguns minutos depois, e depois de lhe explicar melhor porque desabafara com ela, ela ficou mais calma e, finalmente, disse-lhe:

- Ela fez, faz, e fará sempre, parte da minha vida e desculpa-me, meu amor, mas eu não posso simplesmente apagar isso da minha memória, e esquecer. Nem quero!... Ela é simplesmente inesquecível. E a guardarei para sempre bem dentro de mim... Nunca te esqueças que ela faz parte do Homem que sou. Ela construiu-me do nada, fez de mim um Homem, e deu a ti esse Homem de mãos beijadas. Nunca lutaste por mim, meu Anjo. Não queiras começar agora. Podes ter alguma *surpresa, e perderes algo que, supostamente, deveria ser teu, se soubesses ter estado quieta... Às vezes é bom parar um pouco e pensar antes de agir... Não queiras entrar numa luta que não é tua, uma luta que é mais antiga do que tu, e bem mais velha do que nós... Onde estão os lobos velhos, os lobinhos não se chegam. É que os lobinhos têm muito a aprender, e o lobo velho não tem nada a perder. Não hesitará em atacar... São nessas alturas que o lobinho começa a ser um lobo. Não queiras ser mulher à força. Podes - (e irás) - te magoar à toa. Não digas que não te avisei... Mas repara, ela fez parte da minha vida, ela não é a minha vida. Tu és a minha vida. E é a ti que eu amo. É a ti que eu quero. É de ti que eu preciso...*

Natasha reparou que a minha cara era um campo de batalha entre emoções contraditórias, mas não disse nada. Talvez o silêncio fosse a melhor opção naquela altura. Deixaria que as emoções fluíssem, e pôr-lhe-ia um braço por cima dos seus ombros, apenas para o reconfortar... Amar é isso... Estar lá sempre, mesmo quando o outro não mereça - (Não estou a dizer que era esse o caso. Só estou a tentar dar a entender outra perspectiva do Amor, se é que me faço entender...). Amar é estar lá sempre... No matter what... E tu, onde estás agora que preciso tanto de ti?... 'Tás aí?... Claro que não estás. Nunca estás... Nunca estavas... Porque agora estás?... E, ao mesmo tempo, não estás... Oh Cris, isso não se faz...

Fiquei confuso com aquele bilhete. Agora que começava a instalar-me emocionalmente no coração de Natasha, e ela no meu, aparece-me essa "vaca", e o vento trouxe-me esse bilhete. O facto é que essa "vaca" foi, e é, a Mulher da minha vida. Como se não bastasse, é mãe duma filha minha - a Mariana - logo é alguém de muito peso em mim e na minha vida. Nosso amor acabou, mas revejo-o todos os dias, nos olhos de Mariana. Ela cresceu a olhos vistos, e está cada vez mais parecida com a mãe. Foi a única coisa realmente boa que Cristina me deixou: Mariana... Para além de algumas recordações. Também tivemos os nossos momentos lindos, claro, e até não foram tão poucos quanto isso, mas nada do que ela me pudesse dar, partilhar, ou me fazer sentir, se podia comparar à alegria de ser pai... Mas Mariana existe porque primeiro existiu uma Cristina na minha vida. Mas pronto, era só isso. Cristina fazia parte do meu passado, finalmente eu já estava decidido a seguir em frente, e aparece-me essa cascavel, filha de Satã, para me tirar o juízo... E, foda-se, a Natasha não merece que eu a traia, nem sequer em pensamento, com outra mulher. Mas a porra toda é que nem com a minha namorada posso desabafar de como me estou a sentir. Porra!.. Não é suposto uma namorada ouvir o namorado quando ele precisa apenas de desabafar?... Os Homens também sofrem. Foda-se! Também choramos... E se não puder chorar no ombro de uma namorada, se não puder fazer dela o meu porto de abrigo, se não puder fazer do seu colo, o meu refúgio, para que quero eu uma namorada?... Para dar umas fodas?... Para isso não preciso de namorada. E, em último recurso, em caso de estar desesperado, sempre existem as profissionais de anúncio de jornal. Vais lá, fodes, pagas e bazas. Assunto arrumado. Mas é para isso que servem as putas. E namorada minha não é puta. Se rola algo mais, é porque ali há sentimento, e fazer amor é expor em actos o que sentimos cá dentro. E isso é outro nível. Chega-se ao Céu é por aí... E tu, my love, já foste ao Céu?... Ou queres que te mostre onde fica?... Tu bem sabes que sou capaz de o fazer... Afasta-te demónio, praga da minha vida, luz do meu ser... É por brilhares tanto que me ofuscas... É por me esconder tanto que fico pequeno assim... Mas um dia hei-de renascer. Eu e a Natasha haveremos de o conseguir. O nosso Amor merece isso...

Mas algo mais forte do que eu me puxava, e me atraía, para Cristina. E eu sabia que tinha de fechar aquele ciclo. E decidi procurá-la. Mas, como sabia que ela era casada, tive de bolar um plano. Ela trabalhava num Snack-Bar, e eu iria lá a meio da tarde, quando estivesse meio vazio e, quando me fosse embora, deixar-lhe-ia a resposta num bilhete em cima da mesa. Ela nunca chegou a saber que eu li aquele bilhete (o dela). Eu iria responder-lhe sem dar-lhe a entender que o tinha lido, e sei que ela acharia estranho eu responder às suas dúvidas, sem nunca ter lido o bilhete dela. Ela amachucou o papel e julga que ele foi para o lixo. Para além disso, ela não me viu e nem, muito menos, soube que eu a vira, e que lera aquele bilhete. Então, resolvi escrever-lhe... E comecei a carta exactamente como ela começou a sua. Para que se tornasse mais estranho ainda... Adorava ver a cara dela quando o lesse...

Cristina:

Mais um dia sem te ver. Mais um dia sem te falar. Mais um dia sem te ter... Dói-me muito não te ver. Dói-me muito mais não falar contigo. Queria, e quero - (é o que mais desejo na vida...) - aproximar-me de ti, saber se está tudo bem contigo, se precisas de ajuda, enfim... Mas, como julgo ser a razão da tua dor, afasto-me para não te magoar ainda mais... Dava tudo para te ver, mesmo que fosse ao longe, mesmo que não me visses, amar-te-ia mesmo assim, ao longe. Mesmo que não soubesses, e nem sequer me visses... Não é o que tenho feito nesses últimos 10 anos?... Amar-te ao longe, em silêncio, sem que tu saibas?... Eu prometi-te: No matter what!... Eu nunca me esqueci. E vou cumprir a minha palavra por mais que me doa... E não é porque as circunstâncias da minha vida agora são diferentes, que eu agora vou voltar atrás com a minha palavra atrás... Amo-te muito, e serei fiel até ao fim... No matter what...

Quando acabei de escrever o bilhete, imediatamente pensei:

Foda-se... E a Natasha?...

*

Mas acabei por ir lá ao Snack-Bar onde ela trabalhava, e deixei lá o bilhete. Fiquei no carro a vê-la a limpar a mesa, e reparei na expressão que ela fez ao ler o bilhete que lhe deixei... Lembro-me que ela chorou... As vacas choram?... Ela chorou, logo talvez não seja tão vaca quanto isso. Pelos vistos, ela até tem sentimentos... Mas foda-se Cris, onde andavam esses sentimentos quando me abandonaste sem uma explicação?... Quando me traíste, essa emoção estava aonde?... Cá para mim, isso são lagrimas de crocodilo, isso é apenas consciência pesada e nada mais... Sei que ainda estou muito magoado contigo, mas também sei - (tenho a certeza!...) - que o meu amor por ti é muito maior do que a dor que me deste, logo sei que não seria difícil perdoar-te. Bastava que, para isso, apenas me pedisses perdão. O facto é que nunca pediste. Resultado?... Eu, no fundo, nunca te perdoei... Diz na Bíblia que "o **verdadeiro perdão engloba o esquecimento**", e simplesmente nunca me esqueci o que me fizeste. Nem nunca esquecerei... Mas agora ver-te a chorar, ver-te a deixar toda a tua dor sair assim daquela maneira, mexeu com toda a minha estrutura. E, ao longe, no meu carro sozinho, comecei a chorar também... Ao longe nossas lágrimas nos uniam, numa dor que nos superava, num amor tornado impossível e, exactamente por isso, inesquecível... Deus, o que faço com a Natasha agora?... Como vou fazer para falar nisso com ela?... Não posso lhe dizer, nem posso lhe esconder. Por enquanto, guardarei isso só para mim. Vou ver o próximo capítulo dessa novela, vou esperar o próximo passo. E o próximo passo é dela e não meu. Durante todos aqueles anos, nunca mudei de número, na esperança que ela me ligasse, e me pedisse para voltar... (Um Homem pode sonhar, não?...). O facto é que nunca ligaste, nunca mais apareceste, nunca mais voltaste... Mas, naquele dia, o telefone tocou... Nem queria acreditar que eras tu... Bloqueei, e nem sabia o que fazer. Ou melhor, o saber, eu sabia, não sei é se devia... Entre o que podia, e o que devia fazer, faltava o fazer, e como hesitei alguns segundos e não fiz nada, Cristina desistiu da chamada, e desligou antes que eu atendesse... Foda-se!... Tinha deixado escapar uma oportunidade de uma vida inteira. Agora é que ela nunca mais me ligaria mesmo. Conheço a Cris. Ela pensaria assim: *"Humilhei-me e ele rejeita-me?... Agora é que não lhe ligo mesmo..."*. Mas ela deve ter pensado que eu estava ocupado, e que não pudesse atender, ou que não tivesse com o telemóvel comigo, ou qualquer coisa do género, pois ela não desistiu. E mandou-lhe, logo de seguida, uma sms no meu voice mail. Ouvi qualquer coisa como isso:

"Mais de 10 anos se passaram desde que te vi pela última vez... Choravas quando parti... Não conseguia olhar para ti sabendo ser eu a razão de toda aquela tua dor, nunca te disse da traição, porque sei que não conseguirias aguentar. Provavelmente matavas-te... Decidi não te dizer. Seria melhor assim. Pelo menos até que a poeira baixasse. Até que a dor maior se instalasse e te acostumasses à ideia da nossa ruptura definitiva. No fundo, nunca te poderia dizer. Nunca teria coragem de te contar... Descobriste por ti... Doeu-te muito, mas sobreviveste... Eu?... Segui em frente e, mais tarde, casei com outro... Tive de o fazer. Tu bem sabes que eu não suportaria nunca a ideia de ficar, e acabar os meus dias, sozinha... Mas também sei que tu nunca mais me aceitarias de volta, mesmo com todo esse teu amor por mim... Hoje, morta vivo eu... Apesar de ter um marido exemplar, e de me amar acima de todas as coisas, eu não consigo amá-lo da mesma maneira nem, muito menos ser feliz com ele... E tu, meu Anjo, és feliz?... Lembras-te, antes de começarmos a namorar, como me pediste para sairmos pela primeira vez?... Foi qualquer coisa do género: **"'Bora tomar café?..."**... Pois... Tu eras assim, imprevisível, meio abrutalhado, mas com uma sensibilidade brutal, que te fazia parecer uma criança grande. Porque achas que te chamava de "meu bebé"?... Se achas que ainda podes fazer algo pela minha dor, se tens a certeza que ainda me amas, se por uma remota hipótese, achares que tudo isso que aconteceu ainda não foi o fim, então vem... Estou, e estarei sempre, aqui à tua espera... Amanhã não te apetece tomar um chá a meio da tarde?... E tu sabes onde encontrar o melhor chá da cidade... Schiuuu... Não penses. Apenas sente... Vem... E começa a sentir... Schiuuu... Sentiste?... Também eu...

*

Alexander Pope afirmou um dia que: *"Errar é humano e perdoar é divino..."*. Percebo que ela seja apenas um ser humano e tenha todo o direito de errar, mas ela também tem de entender que eu sou humano e que, de divino, não tenho nada. Logo se alguém aqui tem de perdoar alguma coisa a ela, é Deus e não eu. Eu não tenho nada para lhe perdoar. Ela nunca pecou contra mim, mas sim contra Deus. Se Deus é Amor, e se ela traiu o Amor, ela traiu foi a Deus e não a mim... (Porque acham que depois da traição vem o

sentimento de culpa?...). Mas tudo isso para justificar o porquê de nunca lhe ter perdoado. Eu até perdoaria se ela tivesse tido outro tipo de atitude. Se ela me confessasse que gostava de outra pessoa, e que queria tentar ser feliz com essa pessoa, eu, que só queria - (e quero!) - que ela seja feliz, eu desimpediria o caminho dela, deixando-a livre para que pudesse ser feliz... Por mais que me doesse. Só o facto de a saber feliz, me faria feliz. Mesmo que ela estivesse com outro. Mas não foi a atitude que ela teve. Traiu-me cobardemente e saiu de fininho da minha vida. Agora queria perdão. Com sorte, ainda haveria de querer voltar para mim... E, estúpido, e tolo, como sou, talvez até aceitasse... Ah Pai, já viste o poder das lágrimas duma Mulher?... A sacana da gaja ainda mexe comigo depois desses anos todos. A porra é que ela sabe disso... E agora quem não sabe o que fazer sou eu...
Xiii... E a Natasha?...

*

Agora é que 'tá tudo fodido... A razão diz-me que não vai dar certo e que eu devia ficar com a Natasha. A emoção diz-me que eu devo ficar com a Cris. Sei que ela é casada, mas também sei que ela sente o mesmo do que eu. E sei também que se eu lhe pedir para nos darmos mais uma chance um ao outro de novo, ela divorcia-se, e casa comigo sem pensar duas vezes... E agora que sei disso, porque hesito eu tanto?... Porque me invade esse medo?...

Talvez por ter conhecido Natasha. Eu conheci um Anjo, acreditem... Ela é diferente de todas as Mulheres que conheci até hoje e, em muitas coisas, ela é superior à Cris. Não a estou a ver a trair alguém, por exemplo - (o facto é que também era inimaginável para mim a Cristina fazer-me isso, e ela o fez, logo tudo é possível...). Mas entre a razão e a emoção existe uma coisa que se chama Inteligência Emocional, e vou ter de usar a minha dessa vez. E bem. Muito bem mesmo... Senão 'tou mesmo a ver... Quem se fode sou eu outra vez... No fucken way... Mas deixa 'tar que amanhã vou lá tomar o meu chazinho das cinco, como fazia quando estava no Reino Unido, e vou pôr isso tudo em pratos limpos... Ai, vou, vou... (pensava eu...)

*

Finalmente chegou o chá das cinco... Eu podia ter chegado antes, mas se ela me amava como me dizia amar, queria que ela ficasse ansiosa com a minha chegada, que olhasse a porta do bar de vez em quando, a ver quando eu chegava. No fundo, talvez quisesse que ela sofresse um pouco. Afinal eu sofri tanto por ela, ela não podia sofrer um pouco por mim?... Não só podia, como devia. Um dia percebes... Cheguei lá, cumprimentei-a, pedi um chá verde, ela tirou e, na hora de pagar, a minha mão tocou na dela sem querer. E foi como se levasse um choque... Mas foi como se voltasse ao início, ao primeiro dia, ao Amor Original. Nem sei explicar... Ela pôs meia hora de pausa e veio tomar o chá comigo... Esperei anos por essa conversa, mas eu sabia que não iria ser fácil. Falar do nosso divórcio, do motivo da nossa separação, era inevitável e, no fundo, eu não queria falar disso, com medo de abrir alguma ferida, ou de acordar alguma dor mal curada. O pior da dor é ela partir e voltar outra vez. Volta sempre mais forte... A traição dela... Recordava-me bastante bem e, provavelmente, nunca me esqueceria... Mas, sendo o primeiro encontro depois do divórcio, e partindo do princípio que aquela conversa poderia levar a uma reconciliação entre nós, talvez aquele não fosse o momento adequado para falar daquilo, se é que tal momento viesse algum dia a existir... Mas acabou por ser inevitável mesmo... Ela pediu-me perdão, disse-lhe que ela já estava perdoada antes de pedir perdão... Diz na Bíblia que é assim que devemos proceder. E é assim que eu faço. Perdoo porque também quero ser perdoado. **"Com a medida que julgardes, serás julgado"**, disse Jesus. E, da mesma maneira que não quero que me julguem, não tenho o direito de julgar ninguém. Quem sou eu para lhe apontar uma fraqueza se eu tenho tantas?... Mas a minha mãe ensinou-me que o facto de eu perdoar o inimigo não me dá o direito de andar com ele. Perdoar é a minha obrigação; isso é uma coisa. Mas dar a mão ao meu inimigo, é outra. Como Filho de Deus tenho as minhas obrigações, mas nunca me esqueço que também tenho meu livre arbítrio. E eu escolhi a perdoar... Mas também escolhi não a ter mais para mim. Aceitá-la de novo seria o mesmo que lhe dizer: **"Podes trair-me outra vez que eu te perdoo..."**. Jesus disse a Maria Madalena: **"Vai e não voltes a pecar..."**. Ela arrependeu-se verdadeiramente, deixou a prostituição, e seguiu Jesus até ao fim, inclusive ela era uma das três mulheres que choravam aos pés da Cruz, enquanto Jesus agonizava. Ela, mesmo sendo prostituta, foi *fiel até ao fim. Enquanto que existem aquelas que são - (deverá ler-se "fazem-se"...) - tão sérias e, olha, vê no que dá... Seguindo o exemplo de Jesus - (afinal sou Seu Discípulo e tento imitar o meu Mestre) - não te posso dizer menos... Então digo-te: **"Vai e não tornes a pecar..."**. Se tiveres de meter os cornos a alguém, que seja a outro. Já tive a minha quota parte de ser corno, dispenso bem ser corno outra vez. Geralmente o corno é sempre o último a saber, mas o Homem Primeiro é aquele que se recusa a viver com alguém que o traiu, assim que o descobre. Desculpa, mas é-me quase impossível acreditar em ti. Posso até amar-te em silêncio, e viver com essa dor de nunca mais te ter para o resto da minha vida, mas sempre é melhor do que viver toda a minha vida desconfiado, pensando em quando, como e porquê, me poderás trair outra vez. E ninguém merece viver assim. Muito menos eu... Tu, que conheces meu coração, percebes perfeitamente porquê. E isso é que é imperdoável Cris...*

- Mas tu disseste...

- Sei o que disse, mas também sei o que sinto... Já houve um dia que o meu amor por ti era maior do que essa dor, mas a tua indiferença à minha dor esses anos todos, fez com que o amor por ti esfriasse e a dor crescesse. E conheci um Anjo, lembras-te?... Nada do que se passa aqui é do conhecimento dela, mas acredita que ela será a primeira pessoa que irei procurar assim que essa conversa acabar. Amei-te muito Cris, e sabes disso. Mas agora é tarde demais. E espero que também percebas isso...

- Mas podemos tentar... Eu pensei...

- Pensaste mal... Amo-te. É um facto. Mas amo-me mais a mim. Outro facto. Fico-te muito grato porque, com toda a dor que tu me deste, tive de lutar para sobreviver emocionalmente, e para conseguir paz psicologicamente. Tive de lutar por mim. Desististe de mim. Tinhas-me traído. Eu sabia que, para além da dor, eu só me tinha a mim, e só podia contar comigo. E, em todo esse processo, aprendi a gostar de mim de novo. Obrigada por isso... Percebes agora porque te estou grato?... O teu abandono fez com que me refugiasse em mim e digamos que fiquei a conhecer-me um pouco melhor. Apenas o suficiente para saber, e reconhecer, que mereço mais, muito mais mesmo...

- Mas, então, é o fim?...

- De quê?... Dessa conversa?... Definitivamente!... Do fim de nós?... Esse fim começou há 10 anos atrás, fofa. Esse fim há muito que deixou de ser fim. Quando isso aconteceu, voltei ao princípio de mim e, aí sim, foi o princípio do teu fim... Eu já iniciei um novo capítulo da minha vida emocional, ou ainda não reparaste?...

- Mas eu já pedi o divórcio ao Nuno. Já está marcado até. Não há volta a dar...

- Irás te divorciar porque queres. Não te pedi para o fazeres. E, se algum dia te divorciares, terá de ser por ti, e nunca por alguém. Mania essa que tens tu de viveres, e sentires, a vida, e a dor, dos outros. Vive a tua. Sente a tua... Enquanto os outros seguem em frente na sua vida, vais ficando para trás... Eu segui em frente, my love... Hoje habito outro Céu, e meu Anjo da guarda tem outro nome. Natasha... Esse é o nome da minha felicidade, e o som do nome dela faz lembrar o som das harpas lá do Céu... Agora que conheci um Anjo e saboreei o Céu, dispenso bem um demónio como tu na minha vida. Até porque não tenho saudades de viver no inferno. Eu não presto, lembras-te?... Quando bateste com a porta, disseste-me que ias arranjar melhor do que eu. Pelos vistos, conseguiste. Estás casada há 5 anos. Ou ele é tolo ou é um pau mandado. Conheço-te o suficiente para ter a certeza disso...

- Mas Miguel apenas me casei com outro para te poder amar em paz...

- Então ama-me em paz, e deixa-me em paz... Fica com o outro, pois esse Homem aqui não te quer mais. Simplesmente não estás à altura dum Homem assim...

- Mas eu te amo tanto...

- E?... E o que é que eu tenho a ver com isso?... Se eu não prestava, continuo a não prestar...

- Mas disse aquilo foi da boca para fora...

- Então, ouve bem as minhas palavras. Foram filtradas pela razão, assimiladas pela emoção, e julgo estar sendo inteligente emocionalmente quando te digo do fundo do meu coração: Tiveste a tua oportunidade. Para além de não a teres sabido aproveitar, traíste-me. Voltar a ter-te, aceitar-te de volta, seria afirmar que poderias fazer o mesmo que eu te perdoaria. Minha mãe ensinou-me que posso, e devo, perdoar o meu inimigo. Mas também ensinou-me que não posso, nem devo, é andar com ele. Não te quero mais... Como diria **Carlos Drumond de Andrade**:

"Sou mais além..."

*

Levantei-me e saí. Liguei a Natasha e contei-lhe tudo o que se passou, porque mantive tudo isso em segredo, e porque agora decidira contar-lhe. Ela percebeu. Abraçou-me. Chorou. Depois beijou-me e sorriu. E sorrindo, demos as mãos e partimos. Caminhamos alguns minutos em silêncio apreciando, e sentindo, *apenas simplesmente a companhia um do outro. Ela, subitamente, quebrou o silêncio, e perguntou-me:*

- Já leste o livro *"Tão perto, tão longe"?...*

- Claro que sim... Fui eu que o escrevi...

- Não percebeste... Claro que eu sei que tu é que o escreveste. Escreves muito, também sei. O que não sei é se lês tudo o que escreves...

- Ei, tal exagero... Claro que eu leio tudo o que escrevo. Dezenas, centenas, de vezes até, acredita. Nem imaginas o trabalho que dá escrever um livro. E escrevê-lo é apenas metade do processo. O pior vem depois... Publicá-lo. E é aí que se vêem quem são os Escritores. Conseguir uma Editora, publicá-lo, manter essa Editora, alcançar o sucesso e, acima de tudo, mantê-lo, isso aí já não é para todos... E estamos a falar a nível nacional. Consegui-lo a nível internacional é só para uma minoria, ou seja, para uma elite, digamos assim... Destacares-te no meio dessa elite, como sendo a "nata da nata", é apenas um sonho para a maioria dos Escritores. Muitos nem sequer se atrevem a sonhá-lo, de tão inalcançável que é. Para muitos Escritores, atingir esse patamar é, simplesmente, uma utopia. Mas há aqueles que o conseguem. E o mais interessante é que aqueles que alcançam esse patamar, são aqueles que menos esperam. Mais do que saber ser Escritor, há que saber ser um Homem primeiro, um grande profissional, um exímio estratega, e um monstro do Marketing, depois... E isso, babe, é só para as "lendas vivas"... Podia citar-te alguns nomes mas, apesar de estar sendo justo com eles, estaria sendo injusto com muitos mais. E tu bem sabes que eu não sou assim... Mas os que chegam lá são os humildes aqueles que têm fé, os "visionários", os "loucos do mundo"... Aqueles a que Jesus se referia quando afirmou: **"No Final dos Tempos usarei os loucos do mundo para confundir os sábios da Terra..."**. Obrigada por me usares, Senhor. Já tenho calado a boca a muito Senhor Doutor por aí, sabes?... Aqueles que têm a mania que sabem?... São os meus preferidos... Aqueles que são Doutores e que não sabem explicar-Te, nem sentir-Te, que não sabem explicar donde vieram, porque estão aqui, nem, muito menos, para onde irão depois daqui. Explicam a cosmologia do Universo, sabem como funciona, mas não sabem explicar qual o objectivo do Universo, nem, muito menos, conseguem explicar porque o mesmo foi feito, nem a razão da sua existência. Nem sequer sabem se hão-de defender a Criação ou a Evolução. A maioria dos maiores crânios do mundo, não defende a Criação. Seria afirmar que Tu existes. E isso seria cuspir na Ciência. Só que os crânios desse mundo esqueceram-se que, quando a fé se manifesta, a Ciência simplesmente cala-se. E, na realidade, os crânios desse mundo sabem muito, mas não conseguem explicar nada... São os Senhores Doutores de hoje em dia, estes Doutores do Final dos Tempos, os mesmos que conseguem explicar o funcionamento do Universo, e não sabem se explicar a si próprios, e a sua própria existência... E, não compreendendo a sua própria existência, nem a finalidade da mesma, como ousam sequer pensar em quererem compreender algo muito maior como o

Universo?... Como queres que te entendam ou te definam ?...Vê lá Tu que o ser humano é tão arrogante que já pensa ser melhor do que Tu. Se afirma não precisar de Ti, é porque se julga melhor do que Tu... Depois queixam-se das suas vidas serem um completo vazio...

- Amor, até percebo que tenhas razão, mas o que é que isso tem a ver com a nossa conversa?...

- Tudo e nada ao mesmo tempo. Um dia percebes, Natasha. Um dia percebes...

- Às vezes és tão estranho...

- Eu sei... Por isso me amas assim tanto, desta forma estranha assim... Nem te vou dizer. Tu sabes...

- Convencido...

- Realista. Tola...

- E sou, porque te amo... Mas, no fundo, não deves ser muito inteligente, afinal escolheste-me para ser tua... E se sou tola... Ah... E eu não te tenho tanto amor assim...

- 'Tás com o período ou 'tás mesmo a ser tola?...

- 'Tás a falar a sério?...

- Estou a brincar. Até parece que não me conheces... Ouve... Já leste o *"Tão perto, tão longe"*?...

- Já ti todos os teus livros. E é claro que também li esse. Porquê?...

- Então sabes que o Amor consegue tudo. Até vencer a Morte... Quando ele morre o Espírito sai-lhe do corpo e, depois de Jesus lhe pegar pela mão, e lhe mostrar onde estava a sua mãe e o seu pai, o seu irmão, e todos os seus entes queridos, e amigos que já haviam falecido, lembras-te o que ele pergunta a Jesus, depois de Jesus lhe mostrar todos os que ele mais amava, estarem todos bem lá no Céu?...

- Claro que me lembro... Isso é que torna esse romance inesquecível...

- Não exageres... É um romance com um final diferente, por isso é que se torna bonito.

- Hellô?... Estás-te a ouvir?... Não?!... Então ouve... Ele pergunta a Jesus: "Senhor, já me mostraste que todos os que eu mais amo, estão bem aqui no Céu, e agora levas-me pela mão para o cantinho aqui do Céu que preparaste para mim. Obrigada por isso. Sinto-me quase feliz...". E Jesus pergunta-lhe:

- Porquê?... O que te falta para seres completamente feliz e entrares no Céu?...

- Senhor, onde está a Júlia?...

- Lembras te o que Jesus lhe respondeu?...

*- **"Onde achas que te levo agora?"**...*

- Boa. Leste o livro. Gostaste?...

- Amei... Não é qualquer uma que tem um namorado Escritor. E, ainda por cima, um namorado tão fofinho como tu...

- Vá, não sejas tola... Voltando ao que Jesus disse, que é o que é mais importante. Presta atenção... Jesus levou-o pela Sua Mão, ao encontro de Júlia, sua amada, que já havia morrido. Ele jurou-lhe fidelidade até ao fim e, mesmo depois dela morrer, ele continuou-lhe fiel... Pediu a Deus que, quando morresse, queria ver a sua mãe e o seu pai, os seus amigos, o seu irmão, e todos aqueles que ele mais amava... E Jesus lhe mostrou... E quando ele pensava que Jesus lhe ia mostrar naquele momento em que cantinho do Céu ele iria ficar, Jesus levava-o pela Sua Mão até à sua amada. Só largaria a mão dele, para lhe dar a Júlia, para que ela lhe pegasse na sua mão. E, de mãos dadas, finalmente juntos de novo - (desta vez para sempre!...) - entraram no Céu...

- Pôh, amor... Às vezes fico tola contigo... Tenho muito orgulho em ti por seres assim. E mais orgulho ainda por ser tua namorada...

- Vá... Não sejas tola, cada um tem o que merece. E, se estás comigo, é porque me mereces... sabes que sim... Eu é que tenho de te agradecer pela tua presença na minha vida, e por me deixares existir na tua...

- Tolo. Exagerado...

- Ai, é?... Vamos ver quem é tolo aqui... Já leste todos os meus livros, certo?...

- Sim...

- Nop... Falta um...

- Estúpido. Mentiroso. Já li todos...

- Há um que não leste...

- Qual?

*- **"Conheci um Anjo..."***

- Não tens nenhum livro com esse nome...

- Tens a certeza?...

- Tenho!

- 'Tá bom. Se o dizes...

-'Tás a sério?!... Como é que publicaste um livro sem que eu soubesse?...

-Ah, meu Anjo, essa parte é a mais fácil... O difícil mesmo é explicar-te como te amo dessa forma linda assim, se nem te conheço?... Esse Amor não parece ser - É! - de várias vidas. Só pode ser... Ou então, és mesmo um Anjo e o Céu é já aqui...

- Tu?... Às vezes irritas-me... Um dia publicaste o romance **"O Céu não fica aqui..."** e agora afirmas que o Céu é aqui?... Decide-te...

- O Céu, meu amor, é onde tu quiseres... Aqui, ali, tanto faz... O Céu começa onde, e quando, quiseres. Já leste **"Matthew, fala-me do Além..."**?

- Nop...

- Leitura obrigatória, my love... Há livros que precisas de ler para além dos meus, e esse é simplesmente um deles... Um de muitos mesmo... O Céu não contém só uma estrela, mas uma imensidão delas, e o seu Todo é que faz com que o Céu tenha a beleza que tem. Não olhes só o meu brilho, tenta ver, conhecer, e sentir, o brilho, e a Luz, dos outros... Verás que o seu Todo é que tornará o teu Céu cada vez mais bonito... Tu és um Anjo e, como tal, já voaste por muitos Céus... Como podes ser feliz aqui na Terra, amando alguém tão pequenino como eu, que vivo nesse pedaço de terra esquecida no meio do mar?...

- Esse pedaço de terra pequenino no meio do mar, o oceano ainda não o engoliu... É essa a força da ilha. É a garra que tens dentro de ti... És ilha, és rocha, és vulcão... Esse és tu... Tens sensibilidade de Anjo, coração de Poeta e mente de Filósofo... Quem és tu que me fazes sentir nua só com o teu olhar, que me fazes sentir Mulher sem sequer me tocar?... Quem és tu?... Perguntei a Deus... Ele disse-me que eu teria de descobrir isso sozinha, e por mim...

- Ah, mas eu já sei... Já sei quem és tu...

- Ai, sabes?!... Olha, ainda bem... Depois contas-me isso melhor... Pensas que conheceste um Anjo?... E o que achas que eu conheci? Quem achas que encontrei pelo caminho?...

Fim

Zeca Soares

Biobibliografia

Livros

"*Essência perdida*" - (Poesia - Edição de autor e 2ª Edição Amazon - USA)

"*Lágrimas de um poeta*" - (Poesia - Edição de autor e 2ª Edição Amazon - USA)

"*Alma ferida*" - (Poesia - Edição de autor e 2ª edição Amazon - USA)

"*Ribeira Grande... Se o teu passado falasse*" - (Pesquisa histórica - Edição de autor)

"*Diário de um homem esquecido*" - (Prosa - Editora Ottoni - São Paulo - Brasil e 2ª Edição Amazon - USA)

"*Numa Pausa do meu silêncio*" - (Poesia - Edição de autor e 2ª edição Amazon - USA)

"*Libertei-me por Amor*" - (Romance - Papiro Editora - Porto, e Amazon -Washington)

"*A Promessa*" - (Romance - Edições Speed - Lisboa, Edições Euedito - Seixal e Amazon - E.U.A.)

"*Mensagens do meu Eu Superior*" - (Esotérico/Espiritual - Amazon - E.U.A)

"*Amei-te, sabias?*" - (Romance - Amazon - E.U.A.)

"Quase que te Amo" - (Romance - Amazon - E.U.A.)
"Tão perto, tão longe" - (Romance - Amazon - E.U.A.)
"Para Sempre" - ("Mensagens do meu Eu Superior 2") - (Esotérico/Espiritual - Amazon - E.U.A.)
"Carpe Diem" - ("Mensagens do meu Eu Superior 3") - Esotérico/Espiritual -Amazon - E.U.A.)
"O Escriba"- ("Poesia" - Amazon - E.U.A.)
" O Céu não fica aqui..."- (Romance - Amazon - E.U.A.)
"Ascensão Planetária - Operação Resgate"- ("Mensagens do meu Eu Superior 4") - Esotérico/Espiritual - Amazon - E.U.A.)
"Evolução Planetária - Salto Quântico" - ("Mensagens do meu Eu Superior 5") - Esotérico/Espiritual -Amazon - E.U.A.)
"Conheci um Anjo..." - (Romance - Amazon - E.U.A.)
"Quem és tu?..." - (Romance - Amazon - E.U.A.)
"Eu tive um sonho" - (Romance - Amazon - E.U.A.)
"O livro que nunca quis" - (Romance - Amazon - E.U.A.)
"Já posso partir..." - (Romance - Amazon - E.U.A.)

Outros livros a sair, muito em breve, nos Estados Unidos:

"E se eu falasse com Osho..." – (Auto-ajuda - Amazon - E.U.A.)
"Não me esqueças" - (Romance - Amazon - E.U.A.)
"Perdoa-me..." - (Romance - Amazon - E.U.A.)
"A rapariga inesquecível" - (Romance - Amazon - E.U.A.)

"O Comando Ashtar" - ("Mensagens do meu Eu Superior 6")
"A Fraternidade Branca" - ("Mensagens do meu Eu Superior 7")

Colectâneas

"*Poiesis Vol X*" - *(Editorial Minerva - 57 autores)*
"*Poiesis Vol XI*" - *(Editorial Minerva - 67 autores)*
"*Verbum - Contos e Poesia*" - *(Editorial Minerva -20 autores - Os Melhores 20 Poetas de Portugal)*
"**I Antologia dos Escritores do Portal CEN**" - *Os melhores 40 Poetas Portugal/Brasil - Edições LPB - São Paulo - Brasil)*
"**Roda Mundo -Roda Gigante 2004**" - *(Os melhores 40 Poetas do Mundo, que foram apurados do **3º Festival Mundial de Poesia** em S. Paulo, em que Zeca Soares representa sozinho Portugal nessa colectânea - Editora Ottoni e Editora Sol Vermelho - SP - Brasil. Colectânea bilingue distribuida por 43 países - (os países de origem dos poetas vencedores)*

"*Agenda Cultural Movimiento Poetas del Mundo 2015*" - (Colectânea Internacional de Poesia em que engloba alguns dos melhores poetas do mundo - Apostrophes Ediciones - Chile 2015)

"*Tempo Mágico*"- Colectânea Nacional de Poesia e Prosa Poética, que engloba alguns dos melhores Poetas e Prosadores do país da Sinapis Editores

"*Entre o Sono e o Sonho*" (Vol VI) - Antologia de Poesia Contemporânea com alguns dos melhores Poetas de Portugal - Chiado Editora - Lisboa

Concursos

Concurso Nacional de Pesquisa História. Zeca Soares concorreu com o seu livro *"Ribeira Grande... Se o teu passado falasse..."*, na corrida ao **Prémio Gaspar Fructuoso**, com o seu livro de 660 páginas de História da cidade da Ribeira Grande, em que arrecadou o 4º lugar)

Concurso Nacional de Guionismo - (Inatel)

Concurso "Melhor Guionista Português" - (Lisboa)

Concurso Nacional de Poesia Cidade de Almada Poesia 2003

Concurso Nacional de Poesia Manuel Maria Barbosa du Bocage

Concurso Internacional de Poesia Livre na corrida ao **Prémio Célito Medeiros** - *(SP - Brasil)*

Concurso Internacional de Poesia Pablo Neruda - *(SP - Brasil)*

Concurso Internacional de Literatura da Tapera Produções Culturais - *(SP -Brasil)*

IX Concurso Internacional Francisco Igreja - *(SP-Brasil)*

V Concurso Literário do Grande Livro da Sociedade dos Poetas Pensantes - *(SP - Brasil)*

3º Festival Mundial de Poesia - *(SP - Brasil 2004)*

4º Festival Mundial de Poesia - *(Chile 2005)*

Concurso Nacional "Meu 1º Best Seller" com organização das Edições ASA - com o seu romance **"Libertei-me por Amor..."** - ficando nos primeiros 10 finalistas entre mais de 2000 Romances de todo o país.

Concurso Prémio Literário Miguel Torga - Concorreu com o romance **"A Promessa"**

Amazon Breaktrough Novel Award 2004 - Entre mais de 10 mil Escritores de todo o Mundo, Zeca Soares passou aos quartos-de-final com o seu romance **"A Promessa"**

Made in the USA
Columbia, SC
03 November 2022